¿Estoy arruinando a mis hijos?

... y otras preguntas que toda mamá se cuestiona

Lysa TerKeurst

CASA
CREACIÓN
Para vivir la Palabra

Para vivir la Palabra

MANTENGAN LOS OJOS ABIERTOS,
AFÉRRENSE A SUS CONVICCIONES,
ENTRÉGUENSE POR COMPLETO,
PERMANEZCAN FIRMES,
Y AMEN TODO EL TIEMPO.
—1 Corintios 16:13-14 (Biblia El Mensaje)

¿Estoy arruinando a mis hijos? por Lysa TerKeurst
Publicado por Casa Creación
Miami, Florida
www.casacreacion.com
©2024 Derechos reservados

ISBN: 978-1-960436-44-3
E-Book ISBN: 978-1-960436-45-0

Desarrollo editorial: *Grupo Nivel Uno, Inc.*
Adaptación de diseño interior y portada: *Grupo Nivel Uno, Inc.*

Publicado originalmente en inglés bajo el título:
Am I Messing Up My Kids?
Publicado por Harvest House Publishers
Eugene, Oregon 97402
Copyright © 2006/2010 by Lysa TerKeurst
Todos los derechos reservados.

Nota de la editorial: Aunque la autora hizo todo lo posible por proveer teléfonos y páginas
de internet correctos al momento de la publicación de este libro, ni la editorial ni la autora
se responsabilizan por errores o cambios que puedan surgir luego de haberse publicado.

Impreso en Colombia

24 25 26 27 28 LBS 9 8 7 6 5 4 3 2 1

Dios, sé que hago muchas preguntas.
Las hago porque ser madre es el privilegio que
más amo, aunque es muy difícil.
No quiero hacerlo mal.
Así que, simplemente, estoy dispuesta
a ser una gran mamá.
Es lo único que tengo y puedo dar.
Confío en que has de llenar mis vacíos
y me darás la sabiduría, la paciencia y el
discernimiento que se requieran de mí.
Amo a este niño que llamo mío pero que, en
realidad —primero— es tuyo y tú lo conoces
mejor que nadie. Gracias por el honor
que me das de acompañarte en este viaje
resguardando a esta preciosa criatura hacia
la madurez física, emocional y espiritual.

Contenido

■ ■ ■ ■

Este niño es suyo primero

Gracias por el privilegio de ser madre

Ayúdame a acompañar a mi hijo hacia la madurez

Ser madre
es duro

1

¿Estoy arruinando a mis hijos?

*El mundo está lleno de mujeres cegadas por las
incesantes exigencias de la maternidad, asombradas por
cómo un trabajo puede ser estupendo y tortuoso.*

ANNA QUINDLEN

■ ■ ■ ■

Me hundí profundamente en las burbujas, con el cuerpo cansado
y dolorido. Pensaba que iba a amar la maternidad y abrazarla
con mucha alegría sincera, pero no era así —en absoluto— como
me sentía, especialmente hoy. ¿Qué me pasaba? Más valía que
algo me hiciera efecto pronto, ya que estaba a punto de volver
a empezar toda esa aventura con mi segundo bebé. Llegaría en
cinco semanas escasas.

Las lágrimas resbalaron por mis mejillas al recordar los acontecimientos del día. Había llevado a mi hija de catorce meses a las
rebajas de una gran tienda para aprovisionarme de las cosas que
necesitaba para el nuevo bebé. Iba bien equipada para nuestro
viaje con un cochecito, bocadillos en bolsitas de plástico, vasos
para sorber llenos de sus bebidas favoritas y juguetes para mantenerla entretenida, pero a ella no la impresionó nada de lo que le
ofrecí una vez que llegamos al almacén. Lo que atrajo su atención

fueron los manuales de la caja registradora que había detrás del mostrador de pago, con los que se obsesionó. Los descubrió cuando se soltó de las correas que la sujetaban al coche. Entonces se puso a husmear detrás del mostrador. Entre tanto, la vendedora, que llamó mi atención con una voz tan severa que me hizo sentir incapaz e irresponsable, me pidió que —por favor— mantuviera a mi hija quieta. Así que recogí a Hope y la volví a poner en el coche. Se molestó mucho, por no decir otra cosa. Intenté apaciguarla con varias cosas de la bolsa de los pañales. Como nada daba resultado, saqué mi arma definitiva: el biberón. Me había prometido a mí misma que solo lo utilizaría en circunstancias extremas, ya que habíamos estado intentando destetarla antes de que llegara el nuevo bebé, pero eso me dio la paz y la cooperación que necesitaba para seguir haciendo las compras.

Apenas había empezado a comparar precios cuando, otra vez, vi el biberón de Hope en el suelo y el cochecito vacío. En ese mismo momento oí un fuerte estruendo procedente de detrás de la caja registradora donde estaba la dependienta irritada y los manuales de la caja. Volé detrás del mostrador, justo cuando la severa mujer estaba a punto de abrir la boca. Alcé la mano como diciendo: "Nada de lo que está a punto de decir puede hacerme sentir más avergonzada de lo que ya estoy".

También sentí las miradas condenatorias de los otros clientes. Estaba segura de que todos se preguntaban por qué era incapaz de mantener a mi hija bajo control y, además, que les encantaría darme numerosos libros de consejos si se los pidiera. Sabía que eso era lo que pensaban porque antes de tener hijos solía ver a los niños revoltosos y pensaba eso mismo. *¡Mis hijos nunca actuarían así! Esa pobre madre necesita que le dé algunos consejos.* Ah, cómo nos atormentan los juicios que emitimos.

Agarré a Hope, puse su cara donde tuviera que mirarme directo a los ojos y, con la voz más severa que pude susurrar, le dije: "Mamá te ha dicho que no hagas esto. Que no te bajes del coche. No toques los libros. Que no te alejes. ¿¡Entiendes que es NO!?". Justo cuando terminé de expresarle mi corrección, ella echó la cabeza hacia atrás, la dirigió hacia mi cabeza, ¡y me mordió! Hundió sus afilados dientecillos precisamente en mi mejilla. No podía creer lo que estaba pasando. Solo sabía que tenía que salir de aquella tienda y alejarme de mi niña vampiro.

Me puse a Hope —que seguía gritando por los manuales— bajo un brazo, recogí el coche y me lo puse debajo del otro, y salí de la tienda dando pasos torpes. Cuando llegué a mi auto, éramos un lío… todas las cosas de la bebé enredadas y yo derramando lágrimas. Manejé directo al restaurante de su papá, entré sujetando a Hope con el brazo extendido y le indiqué que la metiera en la mochila portabebés, ya que se quedaría con él el resto del día. Cuando preguntó por la herida que sangraba en mi cara, todo lo que pude decirle fue: "Esa es, exactamente, la razón por la que no puedo tenerla conmigo en este momento".

Conduje hasta casa y me di un baño con agua caliente, pero ni siquiera las sales aromáticas pudieron calmarme. Mientras recostaba la cabeza en el borde de la bañera, no dejaba de pensar en el fracaso que era. A través de mis lágrimas me quedé mirando el agua que salía del grifo. Quiero dar, lo que esta agua suelta, a todos los que abren el grifo. Agua que aporta calidez y confort. Llena todo espacio sin dejar grietas. Es limpia y lava lo repugnante de la vida. Su oferta es inmensa. Es pura y sin elementos ocultos ni ásperos. Cumple el propósito para el que se hizo.

Dejé correr el agua hasta que la bañera no pudo contener ni una gota más. Incluso al menor movimiento mío, el agua chapoteaba y se desbordó por el suelo. Había una diferencia muy marcada entre mi alma y el agua de la bañera. Pensé: *Estoy completamente agotada. No me queda nada que dar. ¿Qué me pasa? Temo tanto ser un completo fracaso como madre. Señor, ¿voy a malograr a mis hijos?*

La mayoría de las madres pueden identificarse con ese sentimiento. Por eso escribí este libro. Este no trata sobre crianza. No es para enseñarte cómo ser la mejor madre del mundo. No es una colección de consejos especiales. Es una mirada franca a la maternidad. A través de todos los empujones y empellones, tensiones y presiones, y triunfos y fracasos hay perspectivas que he hallado alentadoras e incluso transformadoras. He descubierto que si puedo cambiar mi forma de pensar en cuanto a algo, puedo modificar mi manera de reaccionar ante ello. Si cambio el modo en que reacciono, puedo alterar la forma en que me defino como madre. No tengo que definirme como una que apenas aguanta en modo supervivencia. Puedo ser una madre que prospera, vive y ama la gran aventura a la que he sido llamada.

Por tanto, ya sea que estés empujando un cochecito mientras un pequeñín se retuerce como si estuviera haciendo un agujero en el piso de tu auto a la vez que tu hijo adolescente aprende a conducir, acompáñame por unas semanas y hagamos vida juntas. Ten tu Biblia a mano y tu corazón abierto. No puedo prometerte que sabrás la respuesta a todas las preguntas sobre la maternidad después de que terminemos este libro, pero lo que puedo asegurarte es que mirarás tu rol con un corazón satisfecho, un enfoque nuevo, una perspectiva renovada y un alma sintiéndose refrescada.

He pasado por muchos más días en la bañera desde aquellos primeros años con Hope. Ahora tengo cinco hijos. ¡Sí, yo! La mujer que apenas podía con uno, ahora tengo cinco. No soy una madre perfecta, pero he aprendido a acoger la maternidad con una gran alegría. Es una vocación. Siempre debo tener presente que la manera en que lidie con esta aptitud dará forma a las generaciones que vengan después de mí. Qué pensamiento tan aleccionador y a la vez tan emocionante. Las tradiciones que inicié con mis hijos tendrán su continuación. Los cimientos que construya con mis hijos servirán de base a lo que edifiquen sobre ellos. La moral, los valores y las disciplinas espirituales que enseñe darán forma y moldearán a mis hijos, nietos, bisnietos y a otras personas que nunca conoceré.

Mi familia será mi mayor legado. Más que las cosas que consiga. Más que el hogar que hago cálido y encantador. Más que las vidas de las personas que impacto. Más que cualquier otra cosa por la que se me conozca. Si cumplo con el llamado de ser esposa y madre piadosa, entonces estaré satisfecha.

Como en este libro oirán hablar mucho de mis seres más queridos, he pensado que debería hacerles una breve introducción. Art, el papá de mis hijos, al que le encanta cazar, pescar y bucear. Él y los chicos se pasan horas trabajando en nuestra tierra utilizando cosas peligrosas como motosierras, tractores y segadoras industriales. Art se llama a sí mismo "volteador profesional de pollos", porque trabaja para Chick-fil-A, hogar de los sándwiches de pollo y el té dulce más deliciosos. (Saber dónde trabaja puede darte una mejor idea de lo que Art estaba haciendo cuando traje a Hope el día de la "cara herida". Estaba trabajando en la caja registradora, procesando los pedidos de la gente y, estoy segura, dando muchas explicaciones de por qué llevaba un bebé atado a él).

Jackson y Mark, son mis dos hijos adoptados hace varios años en Liberia, África. Son unos chicos extraordinarios. La forma en que Dios bendijo nuestras vidas con Jackson y Mark es una hermosa historia de obediencia y bendición. Escribí varios capítulos sobre ello en *Qué pasa cuando las mujeres caminan por fe,* así que no entraré en detalles aquí.

Jackson es mi hijo mayor. Le encanta la comida china, la música country y el baloncesto. Tiene grandes metas y le gustaría ser empresario o chef. Haga lo que haga, seguro que tendrá éxito. Me está enseñando mucho sobre música moderna, refranes de moda y las últimas tendencias para los adolescentes. Jackson ama al Señor y es un líder en su universidad.

A Mark le encanta todo lo que lleve pimiento rojo triturado, especialmente las alitas de pollo picantes y el arroz picoso. Es un talentoso jugador de balompié y ostenta el récord de haber capturado el pez más grande en nuestro estanque entre los demás miembros de la familia. Tiene un corazón muy tierno y quiere ser misionero. Quizá Jackson gane suficiente dinero para mantener a su hermano en el campo de misiones algún día.

Hope es nuestra hija mayor. Es muy organizada y responsable. Le siguen encantando los manuales de todo tipo, lo que es una gran ventaja para una madre que es emocionalmente alérgica a los folletos de instrucciones. Es muy decidida y solía decir que le gustaría ser maestra o presidenta de los Estados Unidos... lo que dé más dinero. Ahora está considerando ser enfermera. Ashley es solo un año menor que su hermana mayor. Es una adolescente de espíritu tierno a la que le encantan las matemáticas y que se pasa horas averiguando cómo funcionan las cosas. Tiene la habilidad atlética de su padre y se la pasa enseñando pasos de baile a los demás miembros de la familia. Le gustaría hacer algo en el campo de la medicina, en casos en que pueda ver el interior del cuerpo de las personas... ¿de quién es hija?

Brooke es la pequeña de la familia y está orgullosa de ello. Es un rayo de sol dondequiera que va. Es toda una modista y le encanta dar consejos a mamá si alguna vez me veo pasada de moda. Cuando le pregunté a Brooke qué quería ser en su adultez, echó la cabeza hacia atrás y —con una sonrisa— dijo simplemente: "Hermosa".

Bueno, ahora que sabes un poco más sobre mi familia, espero que hagas que tu travesía a través de este libro sea más significativa. Somos una familia cotidiana con días buenos, días malos y días locos, esos en que provoca halarse de los pelos. Leerás sobre todo eso en este libro. Soy una madre normal. Pero he aprendido las asombrosas bendiciones que vienen de decir sí a llevar la vida a la manera de Dios, y no puedo esperar a compartirlas contigo. Oro para que este libro sea, precisamente, esa aventura que tu alma necesita para ver la maternidad con más alegría que nunca.

Y para responder a esa loca pregunta que muchas nos hemos hecho: no, no creo que estemos arruinando a nuestros hijos. Sigue leyendo. Anímate y empodérate para que seas la madre que Dios sabe que puedes ser, y creo que concordarás conmigo.

■ ■ ■ ■ **Refresca mi alma** ■ ■ ■ ■

Lee Salmos 23:3.

¿Necesitas ser restaurada?

Cambiar tu perspectiva sobre la maternidad no sucederá en un día. No habrá un momento en el que sientas que se produce una transformación mágica. En vez de eso, aprenderás —a lo largo de este libro— que puedes tomar pequeñas decisiones cada día; decisiones que transformarán tu experiencia con la maternidad.

Cada decisión se construirá sobre sí misma. Poco a poco descubrirás que las decisiones correctas conducen a la esperanza, y la esperanza lleva a la transformación. La Segunda Carta de Pedro (1:5-7) dice: "esfuércense por añadir a su fe, virtud; a su virtud, conocimiento; al conocimiento, dominio propio; al dominio propio, constancia; a la constancia, devoción a Dios; a la devoción a Dios, afecto fraternal; y al afecto fraternal, amor". Así como las virtudes mencionadas en este versículo se construyen sobre sí mismas, una buena escogencia lleva a otra buena elección y resulta en un cambio en tu vida.

Solo tienes que dar un paso cada vez. Asumir una actitud correcta. Tomar una buena decisión. Implementar un cambio de perspectiva. Estos pequeños cambios conducirán a grandes resultados.

Sobre todo, sé paciente contigo misma y con Dios a lo largo de este proceso. No esperes una gratificación instantánea; esa no es la forma en que él trabaja.

Dedica un tiempo a escribir lo que te gustaría que ocurriera en tu vida como resultado de la lectura de este libro. ¿Cuáles son tus expectativas y esperanzas? ¿Cuáles son algunos cambios en este momento que ya sabes que te gustaría hacer en tu maternidad?

Disponte a ser receptiva a la instrucción de Dios y a depender de su Palabra, y verás las grandes cosas que suceden —como resultado— en tu maternidad y en tu vida. Mi oración por ti es que disfrutes del trayecto al que te llevará este libro, y que tus hijos y tú cambien para siempre como resultado de esta experiencia.

2

¿Podría ser yo la peor madre del mundo?

Escribe las heridas en el polvo
y los beneficios en el mármol.

BENJAMÍN FRANKLIN

■ ■ ■ ■

Se suponía que iba a ir a una reunión divertida, en un lugar aislado, para pasar el fin de semana llenando álbumes con fotos. Mis amigas se fueron el jueves y me llamaron para decirme lo bien que lo estaban pasando. ¡Qué ganas tenía de haber estado con ellas! Pero no pude porque los niños me necesitaban en casa. Me sentía dividida en mil partes. Ashley quería que la acompañara a su práctica de gimnasia. Hope deseaba que la dejara en casa de una amiga. Brooke quería que una amiguita suya viniera a casa y había que llevar a los niños al entrenamiento de balompié.

No es que no quisiera estar con los niños. Amo a mis hijos y me encanta pasar tiempo con ellos. Es solo que estaba agotada. Estaba dando mucho más de lo que tenía en reserva. Había esperado con ilusión el fin de semana con mis amigas para reír, comer fuera y ponerme al día con ellas y, a la vez, divertirme colocando fotos familiares en los álbumes.

En una escala del uno al diez, mi nivel de estrés rondaba el siete. Quería tomar un tiempo para estar con el Señor y permitir que su Palabra inundara mi alma reseca y devolviera mi estrés a un nivel manejable, pero los constantes apuros me mantenían afanada. Sintiéndome cansada y menospreciada, debía haber sabido que me estaba preparando para el fracaso.

El sábado por la mañana me levanté a las cinco para llevar a los chicos y a varios de sus amigos a un partido de fútbol lejos de la ciudad. No podría quedarme en el partido porque tenía que volver corriendo para llevar a Ashley al gimnasio y luego regresar corriendo a casa para limpiarla.

Salí por la puerta a las 5:45 con cuatro niños y Ashley a remolque. A mitad de camino hacia el partido de fútbol, los niños me hicieron notar que nadie había desayunado. Mi nivel de estrés saltó a un nueve cuando unas voces acusadoras empezaron a danzar en mi cabeza. *¿Qué clase de madre envía a sus hijos a jugar fútbol sin comida en el estómago? ¿Qué dirían los amigos de los chicos a sus padres? «Hoy podría haber jugado muy bien, pero la señora TerKeurst no nos ha dado de comer».*

No teníamos cómo detenernos antes de dejar a los chicos en el campo, pero tendrían unos minutos de calentamiento mientras empezaba el partido, lo que me daría tiempo para pasar rápidamente por un autoservicio y llevarles comida. Tal vez podrían comerse unos cuantos bocados de unos bizcochos entre el final del calentamiento y el inicio del juego. Así que dejé a los chicos para ir con Ashley a buscar los panecillos.

Cuando llegamos a la ventanilla para recoger la comida, me sorprendió el enorme tamaño de las bebidas. Los recipientes eran tan grandes que no cabían en los portavasos de mi auto. Sin embargo, no había tiempo para cambiarlos por un tamaño más pequeño, así que pagué la cuenta y nos marchamos. Le dije a Ashley que, por favor, sujetara bien las bebidas ya que se volcarían fácilmente si no teníamos cuidado.

Apenas salimos del estacionamiento cuando caí en un bache y lo que me parecieron litros de té se derramaron en el piso de mi coche. En un enfado frustrado alcé la voz y dije: "¡Ashley, te dije que cuidaras de esas bebidas!". Mi nivel de estrés rompió la barrera del diez cuando Ashley me contestó bruscamente: "¡Mamá, TÚ acabas de hacer que derrame las bebidas!". No sé de qué oscuro y descontrolado rincón de mi corazón surgió la respuesta que le di. Debió estar acechando allí por un tiempo esperando a salir y horrorizarme. Yo, la madre que se había enorgullecido tanto de no haber maldecido nunca a sus hijos. Yo, la mujer de Proverbios 31 con un ministerio que enseña a las mujeres la importancia de usar palabras amables para corregir a sus hijos. Yo, la mujer que escribe libros y habla a miles de personas y puede ser escuchada en la radio impartiendo enseñanzas sobre la piedad. Yo, la mujer que imparte estudios bíblicos, giré la cabeza hacia mi hija y le grité: "¡Cállate y cómete tu mal**** bizcocho!". Y no dije una ingenuidad. No, usé aquella palabrota a plena luz del día... una palabra soez que salió de mis labios.

Los mismos labios que leen historias bíblicas a los chicos antes de dormir, que dicen oraciones nocturnas y dan tiernos besos de buenas noches a mis hijos. Los mismos labios que hablan a los demás de Jesús. Los mismos labios que cantan alabanzas a Dios. Ah, el horror que sentí. Creo que a Ashley le chocó más que le dijera "cállate", ya que nunca antes había oído la otra palabra. Pero aun así me sentí como la peor madre del mundo.

Tras unos instantes de silencio, me disculpé. Nos dirigimos al partido de fútbol y, mientras Ashley les daba los bizcochos a sus hermanos, llamé a una amiga. Con lágrimas en los ojos, le conté los sucesos de la mañana. Luego, antes de decirle la temida frase, le advertí: "Vas a pensar que soy la peor madre del mundo. No vas a creer lo que he hecho". Repetí esa advertencia varias veces para asegurarme de que estaba preparada para el horror que se avecinaba.

Entonces le susurré lo que le había gritado a Ashley... con ingenuidades naturales y todo.

"¿Es eso todo? ¿Es eso? ¿Es por eso por lo que estás tan disgustada? Discúlpate con ella, pídele perdón a Dios y supéralo. Así que has tenido una mañana difícil. Deja de permitir que Satanás saque lo mejor de ti y pídele a Dios que te dé una nueva actitud". ¿Qué? ¿No me condenó? ¿No concordó conmigo en que soy la peor madre del mundo? ¿No se subió a su furgoneta, ni se dirigió hacia mí a toda velocidad ni me apedreó? Qué clase de libertad. Qué tipo de gracia. ¡Qué gran amiga!

Incliné la cabeza y le pedí a Dios que resguardara el corazón de Ashley del dardo que le disparé, y le rogué que borrara todo ese suceso de su mente. Le pedí a Dios que me perdonara, no solo por mis feas palabras, sino —sobre todo— por afanarme demasiado con las ocupaciones y no pasar tiempo con él.

Mientras limpiaba mi camioneta llena de té, me di cuenta de que había estado viviendo al revés esa semana. Estaba dejando que mi lista de cosas por hacer rebosara mientras esquivaba mi tiempo con el Señor. Cuando lo que debería haber hecho es dejar que ese tiempo con él fluyera mientras posponía mi lista de tareas pendientes.

Es un error que creo que muchas madres cometemos. Somos esclavas de la tiranía de lo urgente. Pero, ¿cómo podemos seguir derramando si no nos llenamos de nuevo a diario? La avalancha de exigencias que nos acosa consumirá nuestro ser si no nos tomamos el tiempo para dejar que Dios corrija nuestra perspectiva, reduzca nuestro nivel de estrés y nos susurre al oído sus tiernas verdades de amor.

¿Has tenido alguna vez un día que te hiciera considerarte la "peor madre de la historia"? Anímate, todas lo hemos tenido. Sigue el consejo de mi sabia amiga. Pide perdón a tus hijos. Pide perdón a Dios. Supéralo y deja de permitir que Satanás te arrastre. Pasa tiempo con el Señor para que adquieras una nueva actitud, ¡y él te ayudará a dejar las ingenuidades peligrosas!

▪▪▪▪ Refresca mi alma ▪▪▪▪

Lee Salmos 103:1-4 RVR1960.

Antes de afirmar que Dios perdona sus pecados, David (el autor de este salmo), primero alaba a Dios. Escribe, a continuación, algunas alabanzas a Dios.

En el versículo 2, ¿qué quiere decir David con "no olvides ninguno de sus beneficios"?

Enumera los verbos que aparecen en los versículos 3 a 5.

¿Qué perdona Dios?

¿Qué sana Dios?

¿Qué rescata Dios?

¿Con qué te corona Dios?

¿Con qué satisface Dios tus deseos?

Cuando él hace todo eso, el versículo 5 termina diciendo que "tu juventud se renueva como el águila". En otras palabras, la vida, la energía y la vitalidad vuelven a tu espíritu.

Lee Salmos 103:8-13.

¿Cómo se describe el amor de Dios por ti?

¿Qué hace Dios con nuestros pecados?

Si Dios elimina nuestros pecados, entonces ¿por qué permitimos que Satanás nos castigue por ellos? Deja que Dios deseche tu pecado y déjalo a su disposición. Satanás no puede castigarnos con el pecado que realmente le hemos dejado a Dios. Solo cuando nos aferramos a ese pecado, Satanás puede usarlo contra nosotros. Aprende lo que Dios quiere enseñarte sobre ese pecado en tu corazón y luego déjalo ir.

¿Temer a Dios significa tenerle miedo? No, temer a Dios es un sano respeto y reverencia hacia él. ¿Cómo le muestras esto al Señor?

A menudo pensamos en Dios como alguien grande, poderoso y fuerte, todo lo cual es cierto. Pero en este salmo queda muy claro que su tierna compasión también está a disposición de nosotros. ¿Cómo les muestras compasión a tus propios hijos?

Vuelve a leer lo que has escrito sobre tu compasión por tus hijos y escribe cómo muestra Dios su compasión contigo.

Los versículos 17 y 18 nos dicen que el amor del Señor está ¿con quién?

¿Aparece alguna vez la palabra "perfecto" en esos versículos?

¿De quién será la justicia de sus hijos y de los hijos de sus hijos?

Justicia es un vocablo religioso que puede descomponerse de forma sencilla sustituyéndola por "decisiones correctas que honran a Dios". Dios te dará la habilidad para tomar decisiones correctas que lo honren si se lo pides. Él hará lo mismo por tus hijos. Debido a que nuestros hijos imitarán nuestro comportamiento, queremos tomar decisiones correctas que honren a Dios. Pero aun cuando cometamos errores, podemos modelar un comportamiento correcto a nuestros hijos señalando el perdón, la sanidad y la restauración de Dios.

Así como este salmo comenzó con alabanzas, también termina con alabanzas. Alaba a Dios por la forma en que hoy ha tocado tu corazón.

3

¿Es posible escapar de la trampa

de la buena o mala madre?

Una niña, a la que le preguntaron dónde estaba
su casa, respondió: "Donde está mamá".

KEITH L. BROOKS

■ ■ ■ ■

Tenemos problemas para mantener vivos a los hámsteres en nuestra casa. Y, si he de ser muy sincera, Brooke no tiene la culpa de esa tragedia. La culpable soy yo. Soy una incapaz confesa en cuanto a cuidar esos animalitos.

Todo empezó con Cupcake. Parece que este —nuestro querido hámster que estuvo perdido, fue encontrado y se volvió a perder siendo hallado más recientemente— tuvo un desafortunado encuentro con uno de nuestros perros mientras las niñas y yo estábamos fuera de casa. Olvidé decirle a una amiga que estaba en nuestro hogar ese día que, por favor, mantuviera la puerta de la habitación de mi hija cerrada y a los perros alejados de ella.

Sé que algunos teólogos dicen que los animales no pueden ir al cielo, pero es probable que estén equivocados. No hay palabras para consolar el corazón absolutamente roto de un niño en esa situación, aparte de las que provengan del cielo.

Le aseguré a Brooke que a Cupcake le encanta el cielo. Por eso no tenía que estar en una jaula. Siempre odió la suya. Podía deambular libre y nadie se enfadaba si hacía sus necesidades en la encimera de la cocina. Maravilloso. ¿Puedes imaginar una vida mejor para un hámster?

Ahora bien, tengo que admitir que —aun cuando no quería a Cupcake, en primer lugar— parte de mi corazón estaba apesadumbrado por la pérdida de esa pequeña criatura. Pero el asunto era aún más pesado por ver a mi hijo afligido.

Se derramaron cubos de lágrimas hasta que mencionamos (¡jadeo!) que conseguiríamos otro hámster. Uno que pudiéramos asegurar de tal manera que los perros no pudieran alcanzarlo... nunca. Entonces, Brooke se iluminó; su rostro resplandeció. El mundo volvió a su sitio. Y se hicieron planes para que ella y Mark tuvieran una cita especial en la tienda de mascotas.

Fue entonces cuando Cheddar vino a vivir con nosotros. Debería haber sabido que estábamos coqueteando con el peligro cuando, de nuevo, le pusimos el nombre de un alimento a un roedor. Poco después de que todos nos enamoráramos de Cheddar, cierta mamá tomó otra decisión despistada y Cheddar se fue a estar con Cupcake en el dulce paraíso conocido como el cielo de los hámsteres.

No entraré en todos los detalles, solo diré que Cheddar era muy querido y que se le extrañará mucho.

De modo que, antes de que pudiera ponerme firme y declarar que ABSOLUTAMENTE no somos una familia de mascotas roedoras y que no tendremos otro hámster, Mark hizo su aparición —como un héroe— con "Blancanieves" en sus brazos. Me alegra decirles que está en un lugar alto, con un entorno protector reforzado y —en el momento de escribir esto— sigue viva.

Sin embargo, la vergüenza de las debacles de nuestra familia con los hámsteres nos ha acarreado una etiqueta modesta. Somos la única familia de nuestra pequeña escuela cristiana que ha sido considerada no apta para cuidar al conejillo de Indias de la clase llamado Moo.

De ahí la carta que recibí de la oficina del director:

Sería mejor que Moo no fuera a casa con Brooke este fin de semana. Los niños quedarían destrozados si le pasara algo y, sin duda, pueden ocurrir accidentes. Espero que entienda lo que quiero decir; y no estoy siendo crítica, solo realista.

No sabía si reír o llorar.

¿Buena madre?

¿Mala madre?

¿Buena madre?

¿Mala madre?

¿Alguna vez te has sentido como si fueras la pelota de ping-pong en un acalorado partido, rebotando constantemente entre sentirte una buena o una mala madre?

Agrado a mi hija comprándole un hámster... ¡BUENA MAMÁ!

Soy parcialmente responsable de que el hámster haya abandonado este mundo antes de tiempo y recibo una carta del director informándome que no somos aptos como cuidadores de conejillos de Indias... ¡MALA MAMÁ!

En un momento tengo una gran discusión en la que mi hijo por fin lo entiende... ¡BUENA MAMÁ!

Al siguiente, recibo un correo electrónico de un profesor que enumera a los tres padres que aún no han entregado el permiso, y yo estoy en la lista para que todo el mundo la vea... ¡MALA MAMÁ!

Controlo con calma el estrés de la rutina matutina... ¡BUENA MAMÁ!

Sin embargo, durante la sesión de deberes de la tarde, la irresponsabilidad de mi hijo con un proyecto de última hora está a punto de sacarme de mis casillas. Los músculos de mi cuello se tensan y mi voz se eleva... ¡MALA MAMÁ!

Me aseguro de que lleven algo sano para comer... ¡BUENA MAMÁ!

Los afanes me sobrepasan a última hora de la tarde y acabo dándoles cereales con azúcar para cenar... ¡MALA MAMÁ!

A veces me siento como esa pelota de ping-pong, rebotando entre la sensación de sentirme bien a la de sentirme mal y viceversa. Ayer por la mañana me senté en la mesa de la cocina después de llevar a todo el mundo a donde tenía que estar y lloré. A veces creo que, tener hijos, es lo mejor que me ha pasado en la vida. Otros días siento que la tarea de criar a esas personitas me lleva al borde de la locura.

En una ocasión estaba procesando algunos asuntos familiares con mi amiga Renee por teléfono... cuando, de repente, pareció emerger un tema extraño. Me eché a reír. Le dije a Renee que muchos de mis días parecían contar el mismo tipo de historia... *estaba al borde de un colapso y, entonces, pasé unos momentos con Jesús, y él mejoró las cosas.*

Renee me respondió: "Bueno, ¿no es eso lo que a la mayoría de las personas les sucede?".

No es que todos estemos al borde de un colapso, pero todos vivimos en una posición de total dependencia de Dios. Como madre, vivo en constante necesidad de su amor, aliento, sabiduría, perspectiva, fortaleza, paciencia y gracia.

Todo lo que hago bien, como madre, es gracias a mis constantes diálogos con Dios.

Todo lo que hago mal, como madre, es por intentar hacer las cosas por mis propios esfuerzos.

Ahí es donde interviene la gracia. Y necesito mucha gracia. La gracia de Dios dice: "Lysa, lo estás haciendo mejor de lo que crees. Deja de vacilar entre sentirte bien a sentirte mal a sentirte bien y a sentirte mal. En los buenos momentos, regocíjate y dame las gracias. En los tiempos no tan buenos, llámame rápidamente".

Y, de repente, me ocurrió lo siguiente: con Dios, nunca soy una mala madre. Puede que tenga un mal momento... o dos... o diecisiete, pero unos pocos malos momentos no me definen como una mala madre.

La gracia de Dios está presente para cubrirme. Para enseñarme. E incluso en medio de un mal momento, me interrumpe, me redirige y me cambia.

El perdón está ahí.

El amor está ahí.

Hay una segunda oportunidad. Y otra después de esa.

Eres una buena madre, amiga mía... aunque como yo hayas tenido algunos malos momentos. Eres exactamente la mamá que Dios sabía que tus hijos necesitaban. Así que vive en esa verdad.

¿Y a quién le importa si nos tachan de incapaces para vigilar al conejillo de Indias de la clase? Cuando analicé la situación, me di cuenta de que —de todos modos— eso nos salvaba de un estrés innecesario. Sonríe, buena mamá, sonríe.

▪▪▪▪ Refresca mi alma ▪▪▪▪

Lee y ora Salmos 73:26 y Salmos 51:10-12.

A veces me siento como una pelota de ping-pong, que deambula entre sentirme bien a sentirme mal y viceversa sucesivas veces. ¿Te identificas con eso? Explícate.

¿Alguna vez has luchado por ser definida por tus errores más que por la verdad de Dios? ¿En qué áreas específicamente?

"Entrégale tus afanes al Señor y él te sostendrá; no permitirá que el justo caiga" (Salmos 55:22). La palabra "justo" significa alguien que es moralmente recto y virtuoso. Me gusta pensar que una persona justa es aquella que toma decisiones correctas que honran a Dios a diario.

Enumera aquí, libremente ante el Señor, algunas de tus preocupaciones y confía en su bondad en cuanto a cada una de ellas. Vuelve a ver esta lista en los meses venideros y anota la manera en que Dios ha respondido o aliviado específicamente cada situación.

"Si a alguno de ustedes le falta sabiduría, pídasela a Dios y él se la dará, pues Dios da a todos generosamente *sin menospreciar* a nadie. Pero que pida con fe, sin dudar, porque quien duda es como las olas del mar, agitadas y llevadas de un lado a otro por el viento" (Santiago 1:5-6, énfasis añadido). ¿En qué áreas de tu maternidad estás buscando sabiduría? ¿Cómo te animan estos versículos si luchas con el sentimiento de buena o mala madre?

Y, de repente, me ocurrió lo siguiente: con Dios, nunca soy una mala madre. Puede que tenga un mal momento... o dos... o diecisiete, pero unos pocos malos momentos no me definen como una mala madre. ¿Qué significa, esta cita señalada en el capítulo, para ti?

¿Luchas a menudo con estos pensamientos?

¿Qué estímulo obtuviste de este capítulo?

Dedica hoy algún tiempo a la oración y pídele a Dios que te dé su amorosa perspectiva en cuanto a cómo te ve él. Descansa en su amor pródigo. Si necesitas pedir perdón por algunas de tus acciones, hazlo y luego deja que esas cosas se vayan.

4

En verdad, ¿acabo de decir eso?

El corazón mismo es solo un pequeño recipiente,
sin embargo en él hay dragones y leones,
hay bestias venenosas
y todos los tesoros del mal, hay
caminos ásperos y abruptos,
hay precipicios;
pero ahí también están Dios y los ángeles,
allí está la vida y está el reino, allí
también está la luz, y los apóstoles
y las ciudades celestiales
y los tesoros de la gracia.
Todas las cosas yacen dentro de ese pequeño espacio.
MACARIO EL GRANDE

■ ■ ■ ■

Había sido un gran día. La casa estaba ordenada. La cena se estaba cocinando en la olla de cocción lenta, llenando la casa de deliciosos olores. Los niños habían terminado sus tareas escolares y ahora estaban jugando en el patio alegremente. Así que tenía unos minutos para aprovecharlos y leer. Agarré mi libro, me acomodé en el sofá y sonreí.

A las tres frases de la primera página, mi gran día empezó a desmoronarse. Las alegres personitas que jugaban en el patio entraron tronando en casa, convertidas en criaturas malhumoradas, acaloradas y desordenadas... decididas a sembrar el caos en mi santuario. "Mamá, se me ha reventado el sorbete en el fondo de la bebida", gritó una mientras cargaba con el recipiente goteando por el salón, atravesaba la cocina y se estacionaba frente a mí en la alfombra de la sala. Salté del sofá, cogí la bebida y me volteé para encontrar a otra criatura de pie detrás de mí, con su nuevo traje dominguero cubierto de barro. Entonces empezaron los lloriqueos en la cocina de otra personita mirando la olla y diciendo: "¿Por qué no podemos ser como las familias normales y comer en restaurantes? Siempre comemos en casa".

Quise darle una tierna respuesta con todas mis fuerzas, a lo June Cleaver, que incluyera las palabras "Está bien, querida, y sería estupendo comer fuera alguna vez". Pero no podía encontrarla dentro de mí. Apreté los dientes y le dije: "Cariño" (¿no te encanta cómo adquiere un significado completamente distinto, esta palabra, cuando se pronuncia apretando los dientes?), "¿nunca se te pasó por la cabeza dejar el vaso goteando en un lugar, en vez de llevar el zumo pegajoso y anaranjado manchando la alfombra por toda la casa?".

Entonces me dirigí a la chica llena de barro y le dije: "¿Por qué nos ponemos nuestra ropa bonita para jugar en el patio?". Sacudí la cabeza con incredulidad mientras pensaba: *Tenemos los gaveteros llenos de ropa para todos los días. Pero para jugar en el barro, por supuesto que solo sirve la ropa de ir a la iglesia.*

Y a quien se quejaba de la olla en la que cocinaba, que no podía haber escogido peor momento, quise hablarle y decirle lo que costaba ir a la tienda, comprar los alimentos, traerlos a casa, descargarlos y preparar la comida. Pero estaba hasta los codos de barro y de zumo de naranja, así que lancé una respuesta rápida sobre el gasto que implica salir a comer afuera y cómo debería ser más agradecida. Dejé de leer mi libro y, con un jadeo frustrado, terminé de limpiar y llamé a todos a cenar temprano.

Eso tampoco fue como me hubiera gustado y, al final de la comida, ya había tenido bastante. Me levanté de la mesa, carraspeé de forma muy dramática y anuncié que era hora de que todos se fueran a dormir. "Pero aún hay luz afuera", protestaron. No tenía ni idea de la hora que marcaba el reloj y, francamente, no me importaba. La hora de acostarse iba a rescatarme y... a esas alturas, yo era una mujer con una misión. Para añadir aún más dramatismo a mi anuncio, concluí diciendo que después de que se prepararan para irse a descansar debían sentarse en sus camas y gemir... porque la Biblia dice que el Espíritu Santo elevará oraciones a nuestro favor si lo único que hacemos es gemir. "Así que el Espíritu Santo los abrigará esta noche. ¡Ya terminé!".

Di la vuelta, cogí el libro que no había terminado de leer y marché a mi dormitorio. ¡Mamá se puso en modo descanso!

Me dejé caer en la cama y me quedé mirando al techo. *¿Acabo de decirles a mis hijos que el Espíritu Santo los abrigará en la cama? ¿Qué clase de madre hace eso? Una mamá cansada, exhausta y vacía,* me respondí. Una que hoy no había entregado sus emociones al Señor. Una que no había separado tiempo antes de apresurarse en su horario para pedirle al Señor que fuera su porción y le diera su perspectiva divina a lo largo del día. Una que no se había tomado tiempo para orar.

Dejé a un lado el libro que había estado esperando leer toda la tarde y agarré mi Biblia.

Por el gran amor del Señor no hemos sido consumidos y su compasión jamás se agota. Cada mañana se renuevan sus bondades; ¡muy grande es su fidelidad! Me digo a mí mismo: "El Señor es mi herencia. ¡En él esperaré!" (Lamentaciones 3:22-24, énfasis añadido).

Mi carne y mi corazón desfallecen; mas la roca de mi corazón y mi porción es Dios para siempre (Salmos 73:26, énfasis añadido).

Incluso Jesús, el Salvador del mundo, tuvo que apartar un tiempo cada día para pedir su porción. Cuando nos instruyó para que aprendiéramos a orar en Mateo 6, nos enseñó a pedir nuestra porción. Mateo 6:11 afirma: "Danos hoy nuestro pan cotidiano". ¿Recuerdas cuando los hijos de Israel vagaban por el desierto esperando ser llevados a la tierra prometida? Dios hizo llover maná, pequeños copos de alimento del cielo, lo justo para cada día. No les permitió acumular el maná en almacenes porque él quería ser su porción diaria. Quería que acudieran a él cada día y reconocieran su necesidad de Dios. Se deleitaba en que le pidieran y se complacía en proveerles cada vez que lo solicitaban. Así fue como pasaron de ver a Dios en calidad de ente religioso a considerarlo como el verdadero objeto de una relación con él.

Así es como nosotros también crecemos. La realidad es que todos tendremos días en los que nuestra actitud no sea la que debería ser. Todos fallamos. Ahora bien, tal vez tú nunca hayas fallado tanto como yo, ¡la mujer que confió en el Espíritu Santo para poner a sus hijos a dormir! Pero hay áreas en las que tendrás que confiar en Dios y en su provisión.

Como madres es muy fácil dejarnos llevar por nuestras emociones y actuar en función de cómo nos sintamos. Si nos sentimos felices, podemos ser pacientes. Pero si nuestro nivel de estrés aumenta, es fácil dejar que se nos escape la paciencia y estallar contra los que más queremos. Si nos sentimos organizadas, podemos ser estables. Pero si las cosas empiezan a estar mal colocadas y desordenadas, es fácil sentirse enfadada y perder los estribos. Esta montaña rusa de emociones es muy fuerte para la madre y la familia.

He descubierto que la única fuerza estabilizadora cuando siento que mis emociones se descontrolan es el Señor. Orar estas Escrituras de la "porción" y pedirle a Dios que sea mi porción es una disciplina diaria. No puedo simplemente querer estar de buen humor y actuar piadosamente; tengo que confiar en la fuerza, el poder, el control y la provisión de Dios.

Así que dedica algún tiempo hoy a preguntarte si controlas tus emociones o dejas que ellas te controlen a ti. Cualquiera que sea tu defecto, Dios está esperando que le pidas su porción cada día. Él te proveerá. Cuando permitimos que impere en nosotros, su porción lloverá a caudales sobre cada uno de sus hijos.

■ ■ ■ ■ **Refresca mi alma** ■ ■ ■ ■

Lee el Salmo 4.

Este es un salmo de esperanza. David escribe sobre la protección, la paz y la provisión de Dios. Él sabe que Dios lo mantendrá a salvo y le concederá lo que necesita. Su confianza está puesta en Dios.

Me gusta especialmente el versículo 4, cuando David habla de sentarnos en nuestras camas y guardar silencio. ¡Cómo me hubiera gustado leer ese versículo antes de decir lo que dije! Seguro que mis hijos me han oído decir algunas cosas cuando debería haberme callado, como recomienda este versículo. ¿Hay momentos en tu vida en los que desearías haberte callado? ¿Hay cosas de las que te arrepientes de haber dicho a tus hijos o a tu marido?

Nuestras palabras son poderosas. De hecho, la lengua es el músculo más fuerte del cuerpo. La forma en que lo utilizamos marca la diferencia. Santiago 3:5 dice: "La lengua es un miembro muy pequeño del cuerpo, pero hace alarde de grandes hazañas. ¡Imagínense qué gran bosque se incendia con tan pequeña chispa!".

Lee Salmos 34:13; 39:1; Proverbios 10:19; 21:23.

¿Cómo podemos, en calidad de madres, vigilar nuestras palabras y entrenar nuestra lengua?

Nuestras palabras pueden servir para edificar o para derribar. Podemos pronunciar palabras de aliento o palabras de destrucción. Podemos pensar antes de hablar o podemos reaccionar sin pensar en el efecto de nuestras palabras. Son decisiones que hacemos cada vez que abrimos la boca. ¡Sentarme en mi cama y guardar silencio luce cada vez mejor!

He aquí algunas formas buenas y malas de utilizar nuestras palabras:

- Alabanza. Salmos 71:24
- Orar. Salmos 86:6
- Cantar. Salmos 119:172
- Mentir. Proverbios 6:16-19
- Adular. Proverbios 28:23
- Enseñar. Proverbios 31:26
- Adorar. Filipenses 2:11
- Discutir. 2 Timoteo 2:23

"Los palos y las piedras pueden romperme los huesos, pero las palabras nunca me harán daño", dice un antiguo refrán. Eso es completamente falso. Las palabras sí hacen daño, perjudican, destruyen. Nuestras palabras tienen mucho poder. Proverbios 25:15 afirma: "Con paciencia se convence al gobernante. La lengua amable quebranta hasta los huesos".

¿Has pensado mucho en el poder de tus palabras? Dedica algún tiempo a escribir sobre los momentos en los que has elegido tus palabras con cuidado y aquellos en los que no lo has hecho. Examina los efectos de tus decisiones.

"El hombre se alegra con la respuesta de su boca; y la palabra a su tiempo, ¡cuán buena es!" (Proverbios 15:23 RVR1960).

"Como manzanas de oro con incrustaciones de plata son las palabras dichas a tiempo" (Proverbios 25:11).

Debemos elegir nuestras palabras con sumo cuidado. No podemos decir lo que se nos ocurra y soltar las cosas al azar. Lo que decimos con la lengua va mucho más allá del momento. Las palabras que utilizamos a menudo se quedarán con alguien para siempre. No podemos retractarnos de nuestras palabras una vez que las expresamos. Lo único que podemos hacer es orar para que Dios llene nuestros vacíos, nos perdone cuando fallemos y sea nuestra porción cada día de manera que no lleguemos al límite de nuestras fuerzas.

5

¿Por qué siempre me siento tan agobiada
o algo así como... estirada?

*Creo que las mujeres me ven en la portada de las revistas
y piensan que no tengo ni una espinilla ni bolsas bajo los ojos.
Tienen que darse cuenta de que eso que ven es después
de dos horas de peinado y maquillaje, más retoques.
Ni siquiera yo me despierto con el aspecto de Cindy Crawford.*

CINDY CRAWFORD

■ ■ ■ ■

"Mami, ¿qué son esos surcos que tienes ahí?". Brooke preguntaba por las estrías que abundan en mi cuerpo desde que di a luz a tres de mis cinco hijos. Ella las estaba estudiando, con una intensa curiosidad mezclada con una gran preocupación, por saber qué clase de horrible animal podría haberme arañado y dejado tantas cicatrices. Mientras le informaba sobre la belleza de lo que las estrías representaban para mí, ella no podía pasar por alto lo antiestéticas que eran para ella.

"Menos mal que esas marcas no están en tus pies, donde todo el mundo podría verlas", dijo. Una vez más, hice énfasis en el hecho de que las estrías eran un hermoso recordatorio de que mi cuerpo se utilizó de forma sacrificada para hacer posible su nacimiento y el de sus dos hermanas. Es la marca del siervo definitivo que da su vida para hacer posible una nueva vida para los demás. No es que muriera realmente en el proceso, pero el aspecto que tenía mi cuerpo antes de tener hijos, liso y sin imperfecciones, murió durante los rigores del embarazo. Impresionada con mi respuesta, le respondí: "¿No te parecen hermosas?".

Ella no concordaba con mis comparaciones espirituales y mis ingeniosas metáforas. "Mamá", empezó lentamente, "eres hermosa, pero esas marcas... no lo son mucho". ¡Ah, la sinceridad de una niña de seis años! Realmente, tiene razón en cierto sentido. Las marcas en sí no son muy bonitas. Son signos irregulares, desiguales y pálidos de que mi piel fue estirada casi más allá de lo que podía soportar. Se estiró tanto que nunca volverá a ser la misma.

Me paré ante el espejo y seguí examinando la cruda evidencia de mis embarazos anteriores. Un extraño sentimiento de orgullo brotó de mi corazón al darme cuenta de que esas cicatrices me hacían, en cierto modo, parecida a Jesús. Di de mi vida para hacer posible una nueva vida. Cargué con esa nueva persona y asumí su peso. Me estiraron casi más allá de lo que podía soportar. Mi experiencia me dejó cicatrizada y marcada para siempre. Pero el producto de esas cicatrices es una alegría que no podría tener en ninguna otra manera.

Todavía me conmueve, al punto que lloro, pensar en las cicatrices de Jesús. Es asombroso que el Dios del universo se preocupara tanto por mí como para permitir que su Hijo diera la vida por mi persona. Aunque no he sido llamada a morir físicamente por mis hijos, sí lo he sido a morir al egoísmo que caracterizaba mi vida antes de los niños. En ese entonces la vida giraba en torno a mí. Mi horario, mis necesidades, mis deseos, mi tiempo, mi dinero, mis anhelos, mis sueños y mis planes dictaban la manera en que transcurría mi vida. Pero eso no era lo que Dios deseaba para mí. Él quería que mi vida girara en torno a él y a sus planes conmigo. Así que llegaron sucesivamente, no uno, no dos, no tres, no cuatro, sino cinco pequeños seres para asegurarme de que recordara —cada día— que los actos de servicio a los demás es lo que pavimenta el camino a la alegría. Pequeñas piedras de servicio que, cuando se colocan cuidadosamente unas al lado de las otras, conducen a ocasiones maravillosas. Trenzar el pelo de una. Atar los cordones de los zapatos de ese. Prepararle a otro sus galletas favoritas. Cambiarle el pañal. Llevar a este a tomar café. Animar a otro en sus eventos deportivos. Orar por cualquiera de ellos en un momento difícil. Lavarles la ropa. Quitar el polvo de las habitaciones. Limpiar la bebida derramada de una de ellas. Enseñarles a patinar. Planear la fiesta de cumpleaños de cada uno. Ayudar al atrevido a atrapar una rana. Poner una venda en la rodilla raspada de otro de ellos. Y todo eso es solo un día en la vida de una madre.

Estoy convencida de que no hay mejor manera de modelar la voluntad de Dios ante nuestros hijos que servir a nuestras familias con un corazón feliz. No es que debamos convertirnos en esclavos de ellos. Eso les enseñaría pereza y falta de respeto. Pero tenemos que modelarles la alegría que se puede encontrar en dar nuestras vidas en servicio a nuestro Señor y a los demás. Cuando modelamos esto para nuestros hijos, establecemos el estándar de lo que esperamos de ellos. En mi caso, anhelo que tengan una buena actitud cuando sirvan a los miembros de su familia y a los demás. Quiero para ellos lo que yo he descubierto: cuando sirves, te pareces mucho a Jesús.

Damos de nosotros mismos cuando hacemos regalos del corazón: amor, bondad, alegría, comprensión, simpatía, tolerancia, perdón.

Damos de nosotros mismos cuando hacemos regalos de la mente: ideas, sueños, propósitos, ideales, principios, planes, inventos, proyectos, poesía.

Damos de nosotros mismos cuando obsequiamos palabras: aliento, inspiración, orientación.

*Emerson lo dijo bien: "Los anillos y las joyas no son
regalos, sino disculpas por los regalos. El único regalo
verdadero es una porción de uno mismo".*[1]

Jesús obsequió el único regalo verdadero de la manera más
profunda. Dio su propia vida para que yo pudiera encontrar una
nueva. Mis cicatrices, por lo tanto, son preciosos recordatorios —
tesoros, en realidad— de mi servicio que comenzó en el momento
de la concepción de mis hijos y continúa hasta el presente. Dar mi
cuerpo les concedió a mis hijos la oportunidad de vivir. Modelar
el ejemplo de servicio que prestó Jesús hace que ellos apunten a
una nueva vida que pueden tener en Cristo. No tienen por qué
ser presa del egoísmo que impera en este mundo.

No tengo por qué ser víctima del egoísmo que a veces también
clama para llamar la atención. Me convierto en una persona dadivosa
cuando doy. Me transformo en una persona solícita al cuidar de
alguien. Me vuelvo como Jesús cuando actúo como él. No pensando
en hacerlo, no prometiendo que voy a hacerlo, sino haciéndolo.

Al igual que esos actos me transforman permanentemente,
mis cicatrices también son una marca permanente. Créeme, sé
lo indelebles que son. Antes de llegar a apreciar su belleza, pro-
bé todo tipo de cremas y lociones que me prometían reducir la
apariencia de ellas. Algunos productos eran incluso lo bastante
atrevidos como para afirmar que no dejaban huellas de las estrías.
Me convertí en una estadística de marketing al caer presa de
sus promesas vacías. Ninguna cantidad de crema, ningún roce y
ningún deseo de que desaparecieran funcionó. Se han convertido
en residentes permanentes en mi cuerpo. Así que, como no puedo
hacerlas desaparecer, he optado por acoger esos símbolos de mi
valiente intento de maternidad.

Jesús también abrazó sus cicatrices. Y ahora, para todos nosotros, son símbolos de su valeroso éxito al convertirse en el Salvador
del mundo. Al resucitar, podría haber regresado sin las cicatrices
en sus manos, sus pies y su costado, pero las dejó allí. El resto
de su cuerpo estaba entero y sanado, así que ¿por qué dejar esas

cicatrices? Aunque los teólogos podrían discutir esta cuestión en un gran debate, creo que él las dejó porque quiso. No amaba las cicatrices en sí, sino lo que ellas consiguieron. Fue llamado a ser el Salvador del mundo, lo cual hizo. Yo estoy llamada a ser madre, y eso es lo que estoy haciendo.

Así que admitámoslo. La maternidad es una experiencia agotadora, tanto si hablamos de nuestro cuerpo físico como de nuestra capacidad mental o nuestra perspectiva espiritual. Sin embargo, me produce tanta alegría ver la correlación entre el servicio a mis hijos y lo que Jesús ha hecho por mí que pensé que valía la pena reflexionar sobre ello. Tanto si has dado a luz a sus hijos a través de tu cuerpo como si lo has hecho a través de tu corazón mediante la adopción, tú has servido... te has sacrificado... te has estirado.

Observé a aquella mujer mayor y me
pregunté qué significaba eso.
¿Declaramos con nuestro cuerpo la vida que hemos pasado?
Las arrugas de su rostro, la postura de su espalda.
Los dedos ligeramente doblados, la alegría en su risa.
Había visto otros rostros marcados por el
ceño fruncido y el menosprecio.
Su presencia era austera, su espíritu notablemente agotado.
Pero en esa mujer había cierta belleza, a
pesar de las marcas del tiempo.
Paz en sus ojos turbios y risa tras sus líneas de expresión.
Irradiaba gracia, aunque su cuerpo ahora era lento.
Porque había aprendido la alegría de
ser y, en su corazón, lo sabía.
Pasó su vida celebrando, eligiendo la alegría que se encuentra
En todo lo que la vida le brindaba, se
apoyaba en su firme fundamento.
Señor, que las marcas de mi cuerpo sean
como las de ella, de alguna manera
Que amé, reí, que daba y celebraba cada día.

LYSA TERKEURST

■ ■ ■ ■   **Refresca mi alma**   ■ ■ ■ ■

Lee el Salmo 100 y anota tu sección favorita de este pasaje.

En el versículo 2 dice que nos presentemos ante el Señor con cánticos alegres. ¿Cómo te has acercado al Señor últimamente?

Es bueno ser sinceras con Dios, pero debemos tener cuidado de no convertirnos en quejumbrosas. No hay nada que agrave más mi corazón que oír lloriqueos y quejas, sobre todo los de mis hijos. No puedo evitar pensar que el Señor puede sentir lo mismo. Me he sorprendido acudiendo a él simplemente con una mala actitud. ¿Hay algo por lo que hayas tenido una mala actitud en los días recientes?

Incluso en medio de las dificultades, las pruebas y las cosas que no salen como queremos, podemos encontrar algo por lo cual alegrarnos. Puede que mi historia de las estrías sea un ejemplo tonto de ello, pero sirve para comprobar el punto. ¿Cómo te animó esta perspectiva?

Lee 2 Corintios 9:13.

¿Qué debe acompañar nuestra profesión de que Cristo es nuestro Señor?

A veces es más fácil ser obedientes con nuestros actos que con nuestra actitud. ¿Necesitas echar un vistazo franco a alguna de tus actitudes como madre?

La oración que lo cambia todo, según Stormie Omartian, es la alabanza. Escribe una oración de alabanza a Dios con respecto a ser madre.

"Quiero conducirme en mi propia casa con integridad de corazón" (Salmos 101:2). Este versículo me resulta convincente y, a la vez, desafiante. David, el autor de este salmo, sabía que necesitaría la ayuda de Dios para tener un corazón irreprochable. Hay cosas que él nos anima a evitar a lo largo del Salmo 101. Enumera esas cosas a continuación.

Lo curioso es que, todas las cosas negativas enumeradas en este salmo, afectan a nuestra actitud y a nuestro deseo de alabar a Dios. ¿Ves programas de televisión o películas que son negativos y deshonran a Dios? ¿Alguna de las personas que te rodean te perjudican? ¿Te cuesta hablar mal de los demás? ¿Hay áreas de orgullo en ti? Haz una evaluación sincera de cada una de estas preguntas y anota tus respuestas.

¿Qué significa "conducirme en mi propia casa con integridad de corazón"?

Escribe tu verso favorito del poema de la página 43 y por qué te ha tocado el corazón.

Esto es todo lo que tengo que dar

6

¿Y si fracasan mis planes?

Las rosas bajo mi ventana no tienen que ver con rosas anteriores o mejores; son lo que son; existen con Dios hoy. No hay tiempo para ellas. La rosa, simplemente, existe; es perfecta en cada momento de su existencia.

RALPH WALDO EMERSON

■ ■ ■ ■

Estaba muy emocionada por el viaje sorpresa que había planeado para Brooke y Ashley. Me habían contratado para hablar en un evento en Orlando, Florida. El coordinador de la actividad me ofreció entradas gratis para Disney World si quería llevar a un par de mis hijos conmigo. Decidí no guardarme la sorpresa, pues me di cuenta de que la mitad de la diversión de un viaje así es la anticipación que genera. Así que juntos fuimos tachando los meses, las semanas y los días hasta que llegó el momento.

El día antes de irnos, dejé a los niños en el colegio, hice ejercicio, me duché y me vestí, y luego me dirigí a la oficina para arreglar algunos detalles de última hora. En el trayecto, me di cuenta de que mi teléfono móvil indicaba dos llamadas perdidas y dos mensajes en el buzón de voz. Ambos mensajes eran de la misma persona y tenían el mismo tono frenético. Era la organizadora del evento de Orlando que me llamaba para decirme que estaba en el aeropuerto para recogerme pero que no nos encontraba ni a mí ni a los niños.

Al principio no entré en pánico. Simplemente llamé a mi oficina y con una risita nerviosa le dije a mi asistente que esa pobre señora estaba tan cansada de planificar el evento que debía haberse confundido. Para mi horror, no era ella la confundida, ¡era yo! Tendría que haber volado esa mañana y estar ya disfrutando de las atracciones de Disney con mis hijas. Di media vuelta con el auto, corrí a casa para meter literalmente nuestra ropa en una maleta y fui corriendo al colegio a recoger a las niñas. Luego nos fuimos al aeropuerto, donde descubrí lo caro que puede resultar perder los vuelos y tener que volver a reservar tres billetes. Cuando por fin estuvimos instalados en el avión, cerré los ojos. Estaba agotada, frustrada y bastante avergonzada. Tenía muchas esperanzas puestas en ese viaje. Me había ilusionado tanto con la idea de llevar a Ashley y a Brooke a pasar un día y medio en Disney World. Ahora solo tendríamos medio día. Elevé mis planes al Señor y le pedí ayuda.

Señor, sabes que tenía buenos planes para mis niñas y para mí. Pero he metido la pata y ahora me siento muy estresada por la posibilidad de que todo este viaje se vaya al traste. No conseguí empacar todo lo que quería traer. No conseguí trazar un plan para nuestro tiempo allí. Y ahora que nuestra estadía se acortará tanto, ¿de qué sirve? Señor, ¿restaurarás nuestro viaje? Señor, ¿organizarás nuestros minutos en Disney para que estén llenos de diversión y para que podamos hacer nuestras cosas favoritas mientras estemos allí?

En cuanto aterrizamos sentí que Dios ya había respondido a nuestras oraciones. La coordinadora del evento nos recibió en el aeropuerto con grandes bolsas de regalo llenas de suministros para nuestro día en Disney. Había pensado en todo, desde libros de autógrafos y ponchos para la lluvia hasta aperitivos y botellas de agua. Cuando nos registramos en el hotel, descubrimos que nos habían ascendido a una suite sin costo alguno y que nos ofrecían una cena de cortesía. Después de cenar, fuimos a ver al supervisor y nos dijo cómo aprovechar al máximo nuestro breve tiempo allí y nos dio grandes sugerencias sobre dónde ir a determinadas horas. Esa noche dimos un paseo en barco, hicimos una excursión en coche tirado por caballos, asamos malvaviscos con galletas y chocolate alrededor de una fogata y vimos películas de Disney bajo las estrellas en un cine al aire libre. A la mañana siguiente todo se desarrolló bien en la actividad en la que iba a participar. A Ashley le encantó arreglarse y comer la deliciosa comida del hotel y, Brooke, incluso subió al escenario y oró por todos los presentes. Luego nos fuimos a Disney. Agarramos un mapa, nos sentamos a comer algo rápido e hicimos una lista de nuestras atracciones preferidas. Calculamos las opciones de pase rápido (Fastpass) para evitar las largas colas y partimos hacia nuestra gran aventura en Disney. Ashley quería montar en las atracciones rápidas y Brooke quería ver a las princesas. Aunque solo disponíamos de cinco horas, sentí que Dios estaba redimiendo nuestro tiempo.

El instante más especial llegó de una forma muy inesperada e imprevista. Caminábamos casualmente junto al carrusel y, de repente, un hombre vestido con un elaborado traje de Merlín subió a un escenario cercano donde se estaba reuniendo una gran multitud. Nos unimos al gentío a la espera de un espectáculo que prometía ser muy especial. Merlín se detuvo junto a una enorme piedra y pidió a un voluntario del público que intentara sacar su espada de la piedra. Se eligió a un hombre corpulento pero, a pesar de su evidente fuerza y de todos sus esfuerzos, no pudo sacar la espada de la piedra. Entonces Merlín sacó su diapasón especial y escrutó la multitud en busca de la persona adecuada. Se dirigió a la izquierda. Luego a la derecha. Escaneó de un lado a otro y, de repente, fijó su vista en Brooke. Sus ojos se iluminaron cuando fue llevada al frente y Merlín le dio instrucciones sobre lo que tenía que hacer. Ella debía sacar la espada de la piedra.

Su fuerza palidecía en comparación con la del hombre fuerte. Era tan bajita que tuvieron que traerle un taburete para que alcanzara la espada. El hombre fuerte pareció muy calificado y seguro de sí mismo mientras permanecía de pie ante la piedra. Brooke parecía pequeña, insegura y, sinceramente, incapaz. Pero cuando ella se agachó y agarró la gran espada, la piedra se partió y liberó la espada de Merlín. Ahora bien, entiendo que en Disney *la magia* a menudo sucede con un poco de ayuda de los dispositivos mecánicos e interruptores secretos, así que no me asombró tanto el truco de la espada y la piedra como lo que sucedió después.

Merlín rebuscó en su baúl y sacó una capa de reina, una tiara, una medalla de oro y un certificado que nombraba a Brooke "Reina del reino" por ese día. Fue, por mucho, lo mejor de nuestra estancia allí. Todavía conserva su certificado y su medalla, y le encanta recordarnos que es oficialmente de la realeza.

Mientras subíamos al avión esa noche para volver a casa, di gracias a Dios por haber redimido nuestro viaje. Justo cuando pensaba que lo había estropeado todo, le pedí ayuda y él respondió. Ese viaje terminó siendo mejor de lo que ninguna de nosotras imaginó.

Tu aventura con la maternidad también puede ser mejor de lo que nunca imaginaste. ¿Te desanimas cuando tus planes no salen como esperabas? Tal vez planeaste un día estupendo en el parque con los niños y, de camino, te encontraste con un accidente y el consiguiente tráfico pesado; olvidaste la mitad del almuerzo del picnic en la cocina de la casa; dejaste las llaves dentro del automóvil y a la pequeña Suzie le picó una abeja. Sientes que la tensión se te dispara. En vez de ser la inversión positiva que pretendías que fuera, te encuentras gritando a los niños y deseando haberte quedado en casa.

¿Alguna vez te reprochas por no tener las cosas tan organizadas como te gustaría? He hablado con muchas madres que luchan con el desánimo que les causa este tema. Una mamá dijo: "Parece que no puedo ponerme al día. Limpio una habitación mientras los niños destrozan otra. Hago grandes planes para, al fin, preparar una comida que no se parezca a las instantáneas que venden en cajas, y a nadie le gusta". Cariño, comprendo tu frustración.

Para mí, son los álbumes de recortes que nunca se terminan, la falta de material de vídeo, la búsqueda constante de objetos extraviados y un sistema de archivo que deja mucho que desear. Quizá si mi sistema de archivo estuviera un poco más organizado, ¡no habría perdido mi vuelo a Orlando! Pero la realidad es que todas fallamos, por lo que debemos confiar en Dios. Frustrarnos y enfadarnos nos agotará por completo y nos hará sentir derrotadas. Entregar nuestras circunstancias a Dios enderezará nuestro corazón, cambiará nuestra forma de ver la situación y nos ayudará a reconocer destellos de Dios en medio de nuestros esfuerzos infructuosos.

La Biblia tiene mucho que decir sobre este asunto:

Muchos son los planes en el corazón de las personas, pero al final prevalecen los designios del Señor (Proverbios 19:21).

Pon en manos del Señor todas tus obras y tus proyectos se cumplirán (Proverbios 16:3).

El corazón del hombre traza su rumbo, pero sus pasos los dirige el Señor (Proverbios 16:9).

Recuerda que todo lo que te sucede pasa primero por la mano de Dios. Las interrupciones pueden convertirse en oportunidades. Lo que podrías ver como distracciones, es probable que Dios lo vea como citas divinas. Pueden ocurrir cosas que parezcan fortuitas y distraigan nuestros planes, pero con una nueva dosis de perspectiva, pueden convertirse en momentos preciosos.

Creo que voy a buscar la medalla de "Reina del reino" de Brooke y me la pondré. Me la pondré mientras me enfrento al armario donde mis fotos desorganizadas siguen clamando por mí. Seguro que Dios tiene una sorpresa para mí ahí dentro. Quizá hasta encuentre la foto que le hice a mi tierna niña con la medalla y la capa real sobre los hombros, sosteniendo su certificado y sonriendo. Espero recordar siempre el día en que mis planes fracasaron por completo pero Dios hizo que mi niña exclamara: "¡Ha sido uno de mis mejores días!".

■ ■ ■ ■ **Refresca mi alma** ■ ■ ■ ■

Lee Salmos 25:4-10; 32:8.

Cuando tus planes fracasan, ¿qué significa eso para ti? ¿Significa que eran ilógicos? ¿Significa que Dios no los bendijo? ¿O que, simplemente, necesitabas dedicar más tiempo a buscar el rostro de Dios y determinar *sus* planes?

En ambos pasajes, los versículos mencionan la palabra "enseñar". ¿Tienes un corazón enseñable? ¿Qué crees que significa eso?

Isaías 28:26 dice: "Su Dios le instruye, y le enseña lo recto". Como madre, a menudo asumo el papel de maestra e instructora. Ya sea enseñando a mis hijos a atarse los zapatos o a montar en bicicleta, o ayudándolos con los deberes, me encanta enseñarles a hacer cosas nuevas. Me alegran sus éxitos e intento, por todos los medios, guiarlos de la forma más adecuada y mejor para ellos. Sin embargo, mi enseñanza e instrucción solo pueden funcionar si ellos están dispuestos a recibir y asimilar lo que tengo que compartir.

Como nuestro Padre celestial, Dios también quiere enseñarnos e instruirnos. Quiere vernos triunfar. Dios nos ama lo suficiente como para hacer lo que sea necesario para mantenernos en el camino correcto, un camino que nos lleva a él. Isaías 2:3 dice: "Dios mismo nos instruirá en sus caminos y así andaremos por sus sendas".

A veces esto requiere su disciplina. Como madres, sabemos que para criar a un niño bien educado, debemos disciplinarlo. No es la mejor parte de nuestro trabajo, pero no por ello es menos necesaria. En Deuteronomio 8:3, Moisés le dice al pueblo: "[Dios] Te humilló y te hizo pasar hambre, pero luego te alimentó con maná, comida que ni tú ni tus antepasados habían conocido, con lo que te enseñó que no solo de pan vive el hombre, sino de todo lo que sale de la boca del Señor".

¿Qué te dice este versículo en cuanto a dónde puedes encontrar la instrucción de Dios?

Los israelitas recibieron la instrucción de Dios a través de Moisés. Nosotros la recibimos a través de su Palabra, la Biblia. Si queremos saber cómo hacer que nuestros planes tengan éxito, podemos acudir a su Palabra en busca de respuestas. Él nos apoya de la misma forma en que nosotros lo hacemos con nuestros hijos. Su carácter está entretejido en cada historia, su sabiduría grabada en cada línea del texto. Todo lo que tenemos que hacer es buscar.

Lee Salmos 37:5-6.

En el versículo 5, la palabra "encomienda" —en los idiomas bíblicos más antiguos— significa literalmente "poner". Debemos poner todo en nuestras vidas —las cargas y las pruebas, los éxitos y los fracasos— sobre él. Él es capaz de manejarlo todo. Él *quiere administrarlo todo,* solo debemos detenernos el tiempo suficiente para entregárselo en vez de tratar de llevarlo todo nosotras mismas. Podemos cambiar nuestras cargas por coronas, sacando la espada de la piedra con facilidad porque tenemos la fuerza del Señor detrás de nosotras.

¿Qué necesitas encomendar al Señor hoy? ¿Estás buscando lo que él tiene que enseñarte a través de su Palabra?

7

¿Quién va a volver a llenarme?

El amor no hace que el mundo gire.
Lo que hace el amor es que el viaje valga la pena.
FRANKLIN P. JONES

∎ ∎ ∎ ∎

¿Te encanta una buena historia de amor o no? Ya sabes, de esas que hacen que tu corazón lata deprisa cuando no tienes mucha certeza de si el chico acabará consiguiendo a la chica. Hay una atracción evidente, tensión en la persecución, alguna circunstancia de la vida que intenta separarlos, y luego la historia culmina en la escena final con un beso que sella el acuerdo para toda la vida. ¿Por qué nos conmueven tanto esas historias de amor? Creo que es porque Dios diseñó nuestros corazones para una historia de amor eterno, nuestra historia de amor con Jesús.

Sin embargo, muchas de las mujeres con las que hablo están tan atrapadas en el ajetreo que implica criar a los hijos que han perdido de vista su primer amor. En vez de servir a Dios por deleite, se dedican a servirle por deber. Una de esas mujeres afirmó: "Amo a Dios, pero me entristece decir que mis acciones no lo reflejan muy a menudo. Parece que siempre estoy respondiendo a las llamadas urgentes de mis hijos. Por lo tanto, nunca saco tiempo para escuchar la voz de Dios". Otra dama se me acercó llorando en una conferencia y me dijo: "Cuando estaba en la universidad, estudiaba la Biblia y sacaba tiempo para dedicárselo a Dios. Ahora me siento muy distante de él. He dejado de intentar pasar tiempo con él porque, asignarle un tiempo devocional en mi lista de tareas, me hace sentir como una fracasada puesto que nunca cumplí con ello."

Cuando servimos a Dios simplemente por deber, añadimos elementos religiosos a nuestros días ya, de por sí, repletos: nos basta con leer la Biblia, pasar tiempo en oración, ir a la iglesia, servir en algún ministerio y mantener una buena sonrisa cristiana mientras hacemos todo eso. Los principios vivificantes de Dios se reducen a otro conjunto de normas que nos vemos obligados a seguir. En vez de llenarnos y refrescarnos, nuestra relación con Dios se convierte en una fuente de estrés. ¿Por qué sucede esto y cómo podemos modificarlo? ¿Cómo captamos el amor para el que fueron diseñadas nuestras almas y dejamos que nos transforme para bien?

Alabado sea Dios por lo bueno

Empezamos por reconocer que todo lo bueno que hay en nuestra vida procede de Dios y lo alabamos por ello. Es muy fácil distraernos con lo que está mal en nuestra vida y obviar todo lo bueno. Hagamos una lista de todo lo que es bueno en las diversas áreas de nuestra existencia.

Haz tu lista a continuación:

Cosas buenas de mi relación con el Señor:
1. Sé que Jesús es mi Salvador.
2.
3.
4.
5.

Cosas buenas de mi matrimonio:
1.
2.
3.
4.
5.

Cosas buenas de mí como madre:
1.
2.
3.
4.
5.

Cosas buenas de mis hijos:
1.
2.
3.
4.
5.

Cosas buenas de mi hogar:
1.
2.
3.
4.
5.

Cosas buenas de mis amigos:
1.
2.
3.
4.
5.

Cosas buenas de mis finanzas:
1.
2.
3.
4.
5.

Cosas buenas de mi ministerio:
1.
2.
3.
4.
5.

Ahora dedica algún tiempo a alabar a Dios por cada una de esas cosas. Si tuviste dificultades con alguna de esas categorías, pídele que te revele cosas por las que puedes estar agradecida, aunque sean muy pequeñas. Durante la próxima semana, acostúmbrate a mirar tu lista con frecuencia. Tal vez, incluso, quieras seguir añadiéndole cosas. Lo principal es que utilices esta lista como punto de partida para empezar a asumir una actitud de alabanza por tu primer amor.

La sacudida de la eternidad

También debemos reconocer los anhelos de nuestro corazón como una sacudida de la eternidad, no como una señal de que nuestras vidas aquí en la tierra son menos que bendecidas. Me encanta la "oración de la serenidad", que habla del valor que hay que tener para cambiar las cosas que puedo, aceptar las que no puedo modificar y tener la sabiduría para saber la diferencia. Esa sabiduría "para saber la diferencia" es el escenario en el que entra en juego la sacudida de la eternidad. Cuando un anhelo en mi corazón empieza a desanimarme, decido cambiar de perspectiva viéndolo como un recordatorio de mi primer amor. Si nada de lo que hay aquí me decepcionara, estaría tentada a sentirme satisfecha sin Jesús.

En vez de permitir que mis decepciones me desanimen, dejo que mi corazón se dirija hacia Jesús y le pido que me llene. Si tengo una discusión con alguien, que Jesús me llene. Si me desaniman las acciones de mis hijos, que Jesús me llene. Si me siento herida por otra persona, que Jesús me llene. Cuando se rompe mi adorno favorito, que Jesús me llene. Cuando me queden pequeños mis pantalones favoritos, que Jesús me llene. Cuando derrame lejía sobre mi camisa preferida, que Jesús me llene. Cuando una persona indiferente, que entra o sale de su automóvil, golpea el mío y le hace una hendidura, que Jesús me llene. Cuando el dependiente de la tienda sea grosero, que Jesús me llene. Cuando el perro mordisquee mi alfombra nueva, que Jesús me llene. Cuando se borran todas las fotos de mi teléfono celular, que Jesús me llene. Cuando estoy emocionalmente abrumada, que Jesús me llene. Y lo repito hasta la saciedad para hacer de ello un hábito bien arraigado: que Jesús me llene.

Estremece mi corazón, señala mis ojos y eleva mi alma hacia la eternidad, Señor. Ayúdame a ver todas estas decepciones como temporales y considerar que no vale la pena alterarme por ellas. Cuando sienta que me quedo vacía, lléname, Jesús. Ayúdame a volver a mi primer amor.

Esto es fácil de decir, pero difícil de hacer al calor del momento. Pero ¡ánimo! El Espíritu Santo es nuestro Consolador firme y nuestro recordatorio. No tenemos que hacerlo por nuestras propias fuerzas. Simplemente dejamos que el nombre de Jesús fluya de nuestros labios, y el Espíritu Santo nos dará el consuelo que necesitamos y nos recordará cómo reaccionar.

Todo depende de tu decisión

A la hora de la verdad, todo depende de una simple pero compleja palabra. Si tuvieras que adivinar cuál podría ser ese término, ¿qué dirías? ¿Riqueza? ¿Salud? ¿Estima? ¿Sueños? ¿Azar? No, tendrías que decir la palabra "decisión". Saber tomar buenas decisiones determina muchas cosas en la vida. Cuando ir, cuando quedarte... cuando detenerte, cuando empezar... cuando empujar, cuando retroceder... cuando precipitarte, cuando ir más despacio... cuando decir sí, cuando decir no... cuando creer, cuando dudar... cuando gastar, cuando ahorrar... cuando volar alto, cuando permanecer bajo... estas decisiones son un don y una maldición, todo envuelto en una misma cosa. Cuando Dios nos dio la capacidad para decidir, nos dio algo muy hermoso. El libre albedrío hace que nuestra decisión de amarlo sea verdadera, genuina y eternamente valiosa.

Al mismo tiempo, parece trágico que Dios nos diera la capacidad de elegir o de decidir. Porque la elección equivocada de la humanidad —pecar— generó una separación de Dios que solo la muerte de su Hijo —Jesús— pudo reparar. Pero confío en nuestro Dios omnisciente y todopoderoso; y acepto el don de la decisión —que me concedió— con un corazón fervoroso por la oración y, a veces, tembloroso.

Conozco mi propia propensión a tomar malas decisiones. He hecho muchas de ellas. Lo triste es que, por lo general, sé cuándo estoy haciendo una mala decisión y, sin embargo, mi carne egocéntrica sigue adelante menospreciando todas las señales de advertencia que centellean en mi mente. Me va bien con las decisiones que tienen que ver con las reglas de la vida. Las sigo por naturaleza. No reutilizo las estampillas de correos que se pierden cuando le ponen la marca de que se usaron, devuelvo el carrito del supermercado a su lugar designado después que hago mis compras y, si alguna vez encontrara un fajo de billetes, procuraría devolvérselo a su legítimo propietario.

No, la decisión con la que lucho es dejar que el Espíritu de Cristo, mi primer amor, reine plenamente en mí. Quiero modelar un espíritu apacible y tranquilo, pero ¡qué conflictivo es eso para esta italiana de sangre salvaje! Gran parte de mi vida depende de esta decisión. Tengo que volver conscientemente a mi primer amor cada día. En lo grande y en lo pequeño, tengo que tomar la decisión de revelar la realidad de Jesús en mi vida. Alabarlo, sentir esas sacudidas de la eternidad y optar —conscientemente— porque mi primer amor hará más por llenarme que cualquier otra cosa.

■ ■ ■ ■ Refresca mi alma ■ ■ ■ ■

Lee Salmos 63:1; 119:20; 119:174.

"Dios hizo todo hermoso en su tiempo, luego puso en la mente humana la noción de eternidad, aun cuando el hombre no alcanza a comprender la obra que Dios realiza de principio a fin" (Eclesiastés 3:11).

Lee Génesis 21:33.

Este versículo se refiere a Dios como "El Olam" o "el Dios de la Eternidad" o "El Dios eterno". Nuestras almas claman por Dios. Tenemos la sensación interior de que hay algo más en la vida que las cosas de esta tierra. En el fondo, sabemos que la eternidad forma parte de nuestra constitución. Dios ha puesto en nuestro interior una profunda necesidad de él. He oído decir que todos tenemos un "agujero en forma de Dios" en nuestro corazón que nada más puede llenar. Mucha gente intenta llenar ese agujero con sustitutos endebles. El alcohol y otras adicciones, el amor de otras personas, el dinero y diversas cosas sirven como sustitutos que simplemente no pueden darnos lo que anhelamos. Lamentablemente, muchos individuos pasan toda su vida buscando algo que colme los anhelos de su alma.

¿Hay algo con lo que estés tratando de llenar ese agujero en este momento? No escuches las mentiras de Satanás de que hay algo más que funcionará. Ora para que Dios te muestre cómo llenar ese agujero con él y solo con él.

Lee Salmos 71:5-8.

Nuestras almas fueron creadas para amar a Dios, nuestros cuerpos fueron hechos para servir a Dios y nuestras bocas fueron formadas para alabar a Dios. Desde lo más profundo de nuestros corazones, deberíamos derramar alabanzas y agradecimientos por todo lo que él ha hecho por nosotros. Nuestra actitud básica, al pasar de nuestros días, debería ser una actitud de alabanza.

¿Es esta tu actitud?

La actitud que alabe a Dios no requiere una marca más en tu creciente lista de tareas pendientes. No requiere estrés ni obligación. Requiere un corazón rendido a Dios, un corazón que lo ama no por lo que hace, sino por lo que es. No condiciones tu amor ni tu gratitud. Cuando las cosas vayan mal, alábalo, de todos modos. Agradécele de antemano el bien que él, seguramente, sacará de todas las situaciones (Romanos 8:28).

¿Dices que es más fácil decirlo que hacerlo? Inténtalo. Solo por un día, determina honrarlo con tus alabanzas. Pon música de alabanza en tu casa, en tu auto, en tu oficina. Cántale a él. Seguro que tus hijos pensarán que has perdido la cabeza, pero hazlo, de todos modos. Sé intencional en cuanto a adoptar la actitud de alabanza. No permitas que Satanás te robe tu visión y tu perspectiva.

Los salmos están llenos de alabanzas. David no solo alababa a Dios cuando las cosas iban bien en su vida; lo alababa cuando huía por su vida, cuando perdía un hijo, cuando se sentía lejos de Dios y cuando sus sueños no se hacían realidad. A David es el único de quien se dijo que era un hombre conforme al corazón de Dios (1 Samuel 13:14). Creo que su actitud de alabanza era, esencialmente, gran parte de ello. Utiliza los salmos para inspirarte, luego escribe tu propio salmo de alabanza.

8

¿Se fija alguien en mí?

Limpiar la casa mientras tus hijos aún están creciendo
es como limpiar el camino antes de que deje de nevar.

■ ■ ■ ■

Había sido una semana ajetreada. Mientras los chicos estaban fuera, en un viaje misionero para ayudar a las víctimas de un huracán reciente, las chicas y yo celebramos el Día de Acción de Gracias con unos amigos. Yo había mantenido una buena actitud ante todo el asunto. Incluso me sorprendió lo bien que me sentía al estar sola en casa con las niñas durante una fiesta tan importante. Mis hijas y yo estábamos pasando un estupendo fin de semana femenino cuando, de repente, se nos ocurrió la descabellada idea de decorar completamente la casa para Navidad y sorprender a los chicos.

Ahora bien, a los chicos les encanta la Navidad tanto como a mí. Sin embargo, no les agrada sacar todos los adornos del desván, ni armar el árbol, ni desenredar y —menos aun— ensartar las luces, ni tampoco les gustan los alborotos que implican que la decoración quede perfecta. ¡Qué gran regalo les obsequiaríamos este año! Qué alegría les daría entrar y ver que todo el trabajo estaba hecho. ¡Qué felices serían si su único trabajo, preparando la Navidad este año, fuera simplemente disfrutar de la belleza y felicitar a los decoradores!

Las niñas y yo pusimos manos a la obra. Recurrí a la ayuda de una niñera para que supervisara y ayudara a las muchachas mientras yo hacía los recados, compraba algunas cosas para acicalar algunas de nuestras decoraciones de aspecto viejo, adquiría algunos regalos y luego obtenía el papel de regalo y las etiquetas de regalo para completar nuestra misión. Montamos dos árboles, colocamos cuidadosamente el nacimiento, colgamos adornos tipo vegetación por toda la casa, pusimos guirnaldas en las ventanas y en las puertas, envolvimos los regalos, encendimos las velas y nos quedamos admirando nuestra gran obra maestra.

Estábamos muy emocionadas cuando vimos a los chicos entrando por el camino al garaje. Estábamos casi mareadas por la expectación. Entonces, entraron en casa y... todo siguió como siempre. Me besaron, saludaron a las niñas y se dirigieron al dormitorio para guardar sus cosas. Murmuraron algo mientras iban a su habitación, pero no oí bien lo que dijeron. Puede que comentaran que la casa tenía buen aspecto, pero desde luego NO fue la exclamación impactante que yo esperaba. Al principio me quedé sin habla. Y luego me enfadé.

Ese había sido un plan fabuloso. Sin embargo, hubo un pequeño defecto. Esperamos una reacción tan buena —por parte de mis hijos— que nadie más podría haber satisfecho nuestras expectativas. Deseamos oír una aclamación por el placer que les daba el buen trabajo que hicimos. Ahora bien, ninguna de esas expectativas habría sido mala en sí misma. (Bueno, excepto la parte de quedar atónitos de puro placer).

Si mi alma hubiera estado llena del amor, de aceptación y con una perspectiva enfocada en Jesús, la respuesta de mis hijos no me habría desmoronado. Lo habría visto como lo que realmente era. Los hombres no están configurados para asombrarse por la decoración, simple y llanamente. Así que no se dieron cuenta de nada. Podría haber señalado nuestro arduo trabajo y habernos expresado todos los elogios posibles. En vez de eso, exageré todo lo acontecido y lo convertí en algo contra mi persona. "No se preocupan por mí. No me quieren. No se dan cuenta de todo lo que hago". Una y otra vez, las voces de la inseguridad, se burlaban de mí.

Esa necesidad de oír que me quieren y me aprecian viene de antaño. Proviene de una pequeña que rodeaba a su papá. Que le clamaba con el corazón: "Papá querido, ¿notas que te amo? Papi, ¿soy tu preciosa hija? Papá, ¿crees que soy especial y hermosa?". Pero, papá jamás pronunció esas palabras; nunca en mi vida oí que me dijera algo así. Por eso, mi corazón ha intentado arreglar eso desde entonces. Buscar lo que me faltó en mi infancia de manera equivocada es algo de lo que Dios se ha estado ocupando en mi corazón. Él me preguntó recientemente: "Lysa, ¿estás cansada de ser la hija de un padre disfuncional? Porque quiero que seas hija de Dios".

En otras palabras, debo permitir que Dios me llene. Debo dejar que su aprobación satisfaga la desesperación de mi corazón. Debo dejar de buscar, de cuestionar, desechar las expectativas poco reales de los demás.

Cuando no dependes de un individuo para llenarte, él puede cometer errores y tú sigues estando bien. Él puede decir algo errado y puedes perdonarlo rápidamente. Él puede luchar y cuestionar su dirección, y tú no caes en la desesperación. Él puede ser tu mejor amigo, pero no tiene que ser tu salvador. Cuando vives en la plenitud de Cristo, tus hijos son rociados con su gracia y su ternura... Pueden decepcionarte y no llevar las cicatrices de tu orgullo y tu dolor. Pueden crecer para ser adultos vibrantes, con pensamiento independiente y amorosos porque tampoco tuvieron que ser tu salvador.[1]

¿Cómo transfiero esa identidad de hija de un mal padre a la que me otorga Dios como hija suya? Para ello recurro a algunas verdades fundamentales que me repito constantemente:

- El problema de mi padre por su incapacidad de mostrarme el amor y la afirmación que necesitaba no tenía nada que ver conmigo. Él estaba destrozado por sus propias y duras experiencias. Yo no era la que estaba destrozada.
- Aferrarme a la herida, pensando en el deseo de ser afirmada, me dará lo opuesto a lo que anhelo. En vez de sentirme satisfecha, me sentiré cada vez más necesitada a medida que las personas cercanas a mí se alejen. Para ellos, es agotador intentar satisfacer las necesidades de alguien, solo para que les digan constantemente que sus esfuerzos no son suficientes. Para mí, es fatigoso intentar demostrar que soy digna del amor de alguien, solo para sentir constantemente que no soy lo suficientemente buena.
- Escribir versículos que afirmen mi identidad como hija de Dios y meditar en ellos, a menudo, me recordará la verdad y la verdad siempre me hará libre (Juan 8:32).
- Necesito decidir ser hija de Dios, día a día, rea-cción tras reacción, momento a momento. Necesito considerar la realidad de la situación en la que me encuentro sin dejar que las emociones erróneas nublen mi perspectiva.
- Por último, cuando sienta que esas antiguas emociones inseguras comiencen a introducirse de nuevo en mi corazón, debo entregárselas de inmediato a Jesús, y pedirle que las elimine y las sustituya por su verdad.

Todo el dolor que sentí por el hecho de que mi decoración navideña pasara inadvertida se lo entregué mentalmente a Dios.

Cerré los ojos y una vez más me vi a mí misma como una peque-
ñita dando vueltas alrededor de su papá, solo que en esta ocasión
una sonrisa sustituyó la mirada de anhelo desesperado. Porque el
espectador no era un padre destrozado, sino un perfecto y amoroso
Padre celestial. Padre que me susurra: "Te amo. Me encanta cómo
te hice. Me fijo en todo lo que haces... y me complace mucho".
Y yo le susurro a él: "Lo sé. Por fin lo sé".

■ ■ ■ ■ **Refresca mi alma** ■ ■ ■ ■

Lee Salmos 16:5; 73:26; 119:57.

¿Es Dios tu porción hoy? "Por el gran amor del Señor no
hemos sido consumidos y su compasión jamás se agota.
Cada mañana se renuevan sus bondades; ¡muy grande es
su fidelidad! Me digo a mí mismo: 'El Señor es mi herencia.
¡En él esperaré!'" (Lamentaciones 3:22-24).

Estos versículos hablan del amor inquebrantable que Dios
tiene por nosotros (*hesed,* en hebreo). Esta palabra *hesed*
describe un amor que es firme y leal. El amor de Dios no
depende de nuestro merecimiento. Nos ama pase lo que
pase, simplemente porque somos sus hijos.

En este capítulo, mencioné lo de escribir versículos que
afirman que soy hija de Dios. He enumerado algunas refe-
rencias para que las busques y te resulte más fácil hacerlo
ahora mismo. Dedica algún tiempo a anotar las que hablen
a tu corazón. Medita sobre lo que significa ser hija de
Dios. Termina escribiendo una oración de agradecimiento
y alabanza por haberte hecho hija de él y por amarte tal
como eres.

Salmos 2:7

Juan 1:12-13

Hechos 13:32-33

Romanos 8:14-17

Gálatas 4:4-7

Efesios 5:1

2 Corintios 6:18

Hebreos 2:10-12

1 Juan 3:1-2

9

¿Le intereso a Dios?

Y pido que, arraigados y cimentados en amor,
puedan comprender, junto con todos los creyentes,
cuán ancho y largo, alto y profundo es el amor de Cristo.
En fin, que conozcan ese amor que sobrepasa nuestro
conocimiento, para que sean llenos de la plenitud de Dios.
EFESIOS 3:17-19

■ ■ ■ ■

¿Se preocupa Dios por ti? ¿Le interesan los detalles cotidianos de tu vida? Esa decisión que estás intentando tomar ahora mismo, ¿le interesa a él?

Sí, sí, desde luego que sí.

A veces es fácil preguntarse si Dios realmente se preocupa por nosotras y por todas las muchas luchas con las que parecemos lidiar constantemente. Estas son algunas de las cosas que se mueven por las pocas neuronas que me quedan. ¿Cómo mantengo el equilibrio entre los muchos roles que desempeño? ¿Cómo puedo ser taxista, madre, escritora, conferencista, cocinera, criada, organizadora hogareña, chica que hace ejercicio, historiadora familiar, amiga y una mujer cuerda, todo al mismo tiempo? ¿Soy la mujer que Dios quiere que sea? ¿Lo estoy complaciendo?

Solo puedo complacer a Dios y cumplir mis múltiples funciones si llevo una vida de completa dependencia de él. Al traer estos versículos a mi mente, con frecuencia, encuentro una paz maravillosa: "El Señor está cerca. No se preocupen por nada; más bien, en toda ocasión, con oración y ruego, presenten sus peticiones a Dios y denle gracias. Y la paz de Dios, que sobrepasa todo entendimiento, cuidará sus corazones y sus pensamientos en Cristo Jesús" (Filipenses 4:5-7).

Cuando esa paz empieza a desvanecerse es que intento comprender a Dios. Trato de analizar mi camino hacia la paz en vez de orar y tomar la decisión de detener todo mi afán y mis preguntas, para dejar todo en manos de Dios. Acepto cada paso que Dios pone ante mí como mi tarea temporal, cumplo esa parte y dejo el resto con él.

Hace un tiempo, Dios me mostró esta vívida verdad de una manera muy poderosa. Un pajarito se estrelló contra una de las ventanas de la casa. Cayó al suelo, incapaz de moverse y casi sin poder piar. Mis dos hijas menores, Brooke y Ashley, vieron lo ocurrido y se inquietaron mucho por la preciosa avecilla. De modo que entraron de una forma abrupta en mi dormitorio, precisamente, cuando yo estaba en medio de una siesta muy necesaria y deseada.

Aunque sentí la suficiente compasión que me permitió mi adormecido corazón, no quería levantarme de la cama. Así que les susurré que podían darle unas migas de galleta al pajarillo, luego unas gotas de agua y después oraran por él hasta que mamá terminara su siesta. Ahora bien, tenía toda la intención de levantarme un poco más tarde e ir a "ayudar a Dios" para que el pajarito alzara el vuelo y se fuera, de forma que supiéramos que las oraciones de mis hijas fueron escuchadas. ¿No es curioso la manera en que las madres, a veces, pensamos que tenemos que ayudar a Dios? Es como si dijéramos: "Dios, confío en ti, pero —por si acaso estás demasiado ocupado hoy— voy a hacer lo que tú no haces". O, tal vez, por un deseo sincero —de lo que creemos que es mejor para nuestro hijo— decimos: "Dios, realmente conozco a este niño y tengo una visión aguda de esta situación, así que bendice mis esfuerzos mientras intervengo y arreglo algunas cosas". Decimos que confiamos en Dios en lo relativo a nuestros hijos, pero ¿confiamos en verdad?

Las niñas salieron, se pusieron unos guantes y acariciaron a la avecilla mientras le decían que todo saldría bien. También le dieron unas migas de galleta, un poco de agua y luego oraron por su recuperación. Las oraciones de la pequeña Brooke debieron durar mucho más de lo que la paciencia de Ashley podía resistir, porque Brooke se quedó sola con el ave durante un largo rato.

A Brooke le encanta orar, así que sus oraciones por ese pájaro herido fueron muy enérgicas. Una hora más tarde vino a despertarme de la siesta y a pedirme que comprobara cómo estaba el ave. Tenía mucho miedo de que encontráramos muerto a nuestro amigo emplumado. Ah, y yo ¡no me levanté a tiempo para ayudar a Dios! Oh querida, ¿qué sería de la fe en la oración de mi tierna niña? Pero Brooke caminó con confianza en dirección al pájaro que seguía tendido bajo la ventana. Cuando estábamos lo suficientemente cerca como para tocarlo, el pajarillo se incorporó de repente, gorjeó y salió volando. Brooke dio un respingo y aplaudió con sus manitas mientras exclamaba: "¡Dios escuchó mis oraciones y respondió a mis plegarias!".

Se me salieron las lágrimas cuando me incliné hacia ella y le dije: "Recuerda, el resto de tu vida, lo real que es Dios y que siempre escucha tus ruegos".

Mientras estas palabras de verdad salían de mi boca, Dios le dio un aviso a mi corazón como diciendo: "Quiero que recuerdes lo mismo que acabas de decirle a tu hija". Dulce amiga, el ojo de Dios está puesto en el pajarillo y, aún más, en ti y en tus preciosos hijos.

El resto de ese día, recibimos una deliciosa serenata de ese pajarillo agradecido mientras pasaba de ventana en ventana —danzando— fuera de nuestra casa. Ruego a Dios que te permita oír los cantos de los pájaros hoy y durante muchos mañanas venideros para que puedas saber que Él te ve, te oye, se preocupa por ti, y sin duda ¡te ama!

■■■■ **Refresca mi alma** ■■■■

Lee Salmos 84:1-4.

Dios se preocupa lo suficiente por toda su creación como para encontrar un hogar, incluso, para la más pequeña e insignificante de las criaturas.

Ahora lee Mateo 10:29-31. ¿Qué dicen los versículos 30 y 31 sobre lo que Dios siente por ti? Escribe tus sentimientos después de leer esto.

¿Sabías que eres muy importante para Dios?

"Él les tiene contados aun los cabellos de la cabeza" (Mateo 10:30). Lee 1 Samuel 14:45; 2 Samuel 14:11; Lucas 21:18; Hechos 27:34.

Dios está tan al corriente de nuestras vidas que ni siquiera un pelo de nuestra cabeza caerá al suelo sin que él lo sepa. Después de tener a mis bebés, el pelo se me caía por mechones. Según estos versículos, Dios estaba al tanto de cada cabello que se me caía. ¡Qué asombroso!

"Ustedes valen más que muchos gorriones" (Mateo 10:31). Lee Mateo 6:26; 12:11-12.

Dios nos dio dominio sobre su creación. Génesis 1:28 dice: "Dios los bendijo [a Adán y a Eva] con estas palabras: ¡Sean fructíferos y multiplíquense; llenen la tierra y sométanla; dominen a los peces del mar y a las aves del cielo, y a todos los animales que se arrastran por el suelo!". Somos mucho más valiosos para él que los animales y las aves. Tenemos almas eternas a las que invita a estar con él.

La verdad es que Dios nos amó tanto que envió a Jesús para salvarnos. No dejes que las veces que hayas oído esa afirmación disminuyan su impacto en ti. Muchos de nosotros hemos memorizado Juan 3:16, pero ¿hemos dedicado realmente tiempo a meditar en la verdad que contiene ese versículo? "Tanto amó Dios al mundo que dio a su Hijo único, para que todo el que cree en él no se pierda, sino que tenga vida eterna".

Dios amó tanto al mundo.

Dios te amó tanto.

Lee Romanos 5:8; Efesios 2:4-5; 1 Juan 4:9-10.

Hay numerosos versículos acerca del amor de Dios por nosotros. En realidad, es demasiado para que nuestras mentes humanas lo comprendan. Te dejaré con algunos versículos en los que puedes meditar mientras intentas envolver tu mente en el amor de Dios por ti:

> *Pido que, arraigados y cimentados en amor, puedan comprender, junto con todos los creyentes, cuán ancho y largo, alto y profundo es el amor de Cristo. En fin, que conozcan ese amor que sobrepasa nuestro conocimiento, para que sean llenos de la plenitud de Dios (Efesios 3:17-19).*

Esta es mi oración por ti y espero que la conviertas en tu oración por ti misma.

10

¿Es malo consentirme a mí misma?

Un poco de insensatez, de vez en cuando,
es apreciada por los hombres más sabios.
ROALD DAHL

■ ■ ■ ■

Tenemos una tradición especial en nuestra casa: darnos un capricho por la tarde. Un nutricionista puede o no estar de acuerdo conmigo, pero creo que es un hábito *cardio saludable*. No es que nuestras golosinas sean siempre tan sanas, eso sí. A mis hijos y a mí nos encantan las galletas recién horneadas, los dulces de chocolate masticables y otros inventos comestibles de todo tipo. A veces comemos manzanas, naranjas o algún otro tentempié de las regiones más sanas de la pirámide alimentaria, pero casi siempre nos gusta algo dulce.

Estas golosinas son "saludables para el corazón" por los momentos de alegría que crean en medio de itinerarios apretados, proyectos que hay que entregar, actividades a las que hay que asistir y tareas que hay que hacer. Son pequeñas ráfagas de consuelo que a mí, como madre, me encanta darles a mis hijos. Cosas que dicen: "Te quiero... pienso en formas de hacerte feliz... y considero un privilegio disfrutar de un capricho contigo".

Recuerdo que mi madre me hacía galletas de jengibre cuando era pequeña. ¡Cómo me gustaban esas galletas! Incluso ahora puedo cerrar los ojos e imaginar a mamá pasando, por azúcar, aquellas bolitas de masa marrón, para luego colocarlas en una bandeja de hornear galletas. Luego miraba cómo las metía en el horno. Parecía que tardaban una eternidad en transformarse de bolitas de masa en galletas gorditas y horneadas. Pero lo mejor era que mi madre y yo disfrutábamos juntas del primer bocado. Incluso, cuando me hice mayor y ya no participaba en la cocción, esas delicias seguían siendo puntos de conexión entre mamá y yo. De adolescente, me encantaba entrar —al regresar del colegio— y oler el aroma de esas golosinas flotando en el aire. Hasta el día de hoy, el olor a jengibre me hace sonreír.

Si esos pequeños caprichos me hacían tan feliz en mi niñez, ¿por qué tienen que desaparecer? Quiero decir, ¿por qué a veces pienso que la maternidad consiste en lo que hago por los demás y nunca me paro a pensar en los maravillosos beneficios de darme un capricho a mí misma?

Puedo ver a una dama de la iglesia, desde lo más profundo de mi formación religiosa, salir con un dedo a señalar. "¡No seas tan mundana! Saca tu Biblia y lee uno o dos versículos. Refréscate con el Espíritu. Bebe del Agua Viva y nunca volverás a tener sed. Si te sientes realmente cansada, canta una estrofa o dos de la canción 'Está bien con mi alma' y deja de pensar en ti misma. Es mejor dar que recibir". Y con un rápido resoplido, poniendo los ojos en blanco y sacudiendo la cabeza, se da la vuelta y desaparece. ¡Caramba! Entonces le susurro: "Si tanto te gusta dar, con mucho gusto te permitiría cuidar a mis cinco hijos, llevarlos a casa en el auto, para luego limpiar y cocinar mientras yo me voy a sentar en la bañera a cantar himnos y meditar en asuntos espirituales".

Sí, creo que el mejor tipo de refrigerio se encuentra cuando acudimos al Señor y le pedimos que nos llene. Pero, al igual que darles golosinas a mis hijos me hace feliz, creo que a nuestro Padre celestial le encanta que recibamos las golosinas que él nos brinda y nos hacen felices. Se ha hablado tanto de la diferencia entre alegría y felicidad en el mundo cristiano que muchos rehúyen a esta última. Es cierto que ninguna de las cosas de mi lista me proporciona una alegría duradera, pero seguro que pueden aligerar —en alguna medida— un momento difícil en el que me siento agotada. ¿Por qué no haces una lista de las cosas que te hacen sentir feliz? Así que, la próxima vez que te sientas un poco cansada, prepara un pequeño paquete de golosinas y da gracias a Dios por los maravillosos regalos que te da. Estas son algunas de las cosas de mi lista:

- chicles sabor canela
- un bolígrafo negro, punta fina
- una vela con olor apropiado a la temporada
- un nuevo par de calcetines blancos
- una bebida con sabor a limón
- una caja de harina mezclada para hacer galletas de chocolate
- odorante para secadora con aroma primaveral
- un disco inspirador
- una taza de té

Gracias, Dios, por estas golosinas que alegran mi corazón.

Otra cosa importante y útil que hago para refrescarme es asegurarme de que siempre tengo algo que me apetezca. Puede que sea una cita con una amiga, una noche con las chicas, dedicar tiempo a trabajar en mi álbum de recortes —lo que me encanta—, ir a la peluquería o incluso algo tan sencillo como darme un baño de burbujas después de que los niños estén durmiendo. A veces es algo… digamos, más grande… como unas vacaciones o poder comprar algo para lo que he ahorrado. Pero sea lo que sea, tener algo que anhelar con ilusión es como avizorar un destello de cosas mejores que me hacen superar los aprietos que implican las cosas difíciles. Es justo el resplandor que mi corazón necesita cuando la vida parece llena de tareas triviales, quejas irritantes y otro desorden más que recoger. Así que mira hacia arriba, ve hacia delante y pon en el horizonte algo que te haga sonreír.

Por último, líbrate del "trastorno del acaparador". Habrás oído la vieja expresión que dice "deja lo mejor para el final". Bueno, es posible que sucumbamos a esto y no saborear nunca lo que tenemos. Piensa en la vela que te costó más cara de lo que esperabas, pero te encantó cómo olía. La compraste pero solo la enciendes cuando tienes alguna compañía. No, no, no. ¡No hagas eso! Cómprala y enciéndela porque te gusta cómo huele. Quémala para ti. Para darte gusto. Y mientras estás en eso —disfrutando ese olor grato—, consigue un plato de esa vajilla que casi nunca usas. Aunque solo te comas un sándwich de mantequilla de maní y mermelada en él, úsalo para que te sientas especial. ¿Y ese bonito conjunto que solo cuelga en tu armario para usarlo una vez al año cuando asistes a alguna fiesta especial? Póntelo. Vamos. Hagamos el ridículo juntas, pero hagámoslo por todo lo alto, con una vajilla elegante a la luz de las velas.

Una amiga mía me contó, hace poco, que participó en una fiesta en la que la actividad principal eran los álbumes de recortes. Ella dijo que habló de sus dudas a la hora de utilizar el montón de pegatinas "buenas" que tenía. Otra señora le contestó: "Tienes un trastorno de acaparadora y tienes que superar eso. Saca esas pegatinas ahora mismo y úsalas. ¿Para qué las estás guardando?".

¡Cuán cierto es eso! ¿En verdad pensamos que cuando seamos viejas y canosas habrá algún tipo de concurso en la residencia de ancianos? Es como esperar que el animador del evento se suba al desvencijado escenario y se acerque el chirriante micrófono para decir lo siguiente: "La persona que tenga más velas sin quemar, una vajilla en perfecto estado y ropa pasada de moda sin haberla usado, se gana una ficha de bingo extra".

No quiero una ficha de bingo extra dentro de cincuenta años. Quiero ser una persona feliz. Quiero ser una madre con una sonrisa en la cara. Quiero enseñar a mis hijos que no eres una persona mundana si por casualidad encuentras un poco de alegría en las cosas de este mundo que reconfortan tu corazón.

Refréscate, amiga mía. Prepara un pequeño paquete de cosas que te hacen feliz. Anota en tu agenda algo que te ilusione. Ahhh… y no dejes lo mejor para el final.

▪ ▪ ▪ ▪ Refresca mi alma ▪ ▪ ▪ ▪

Lee Salmos 33:13-22.

Tener algo que anhelar —que esperar— no es un pensamiento mundano. Es bíblico.

Lee Proverbios 13:12.

Si has leído alguno de mis otros libros o me has oído hablar, quizá ya sepas que el nombre de mi primera hija es "Hope" por la esperanza que hallé cuando estaba en dificultades. Reivindicamos Jeremías 29:11: "Porque yo conozco los planes que tengo para ustedes —afirma el Señor—, planes de bienestar y no de calamidad, a fin de darles un futuro y una *esperanza*".

En última instancia, nuestra esperanza debe estar en el Señor. A medida que buscamos conocerlo mejor, confiarle nuestras vidas y someternos a su voluntad, podemos encontrar la paz a pesar de nuestras circunstancias. Podemos confiar en "que Dios dispone todas las cosas para el bien de quienes lo aman, los que han sido llamados de acuerdo con su propósito" (Romanos 8:28).

Aunque no podemos ver el hermoso tapiz que está tejiendo con nuestras vidas, solo tenemos esperanza en su soberanía. "Porque en esa esperanza fuimos salvados. Pero esperar lo que ya se ve no es esperanza. ¿Quién espera lo que ya ve? Pero si esperamos lo que todavía

no vemos, en la espera mostramos nuestra constancia"
(Romanos 8:24-25).

¿Qué te dicen estos versículos acerca de la esperanza?

¿Qué papel desempeña la confianza en la esperanza?

Medita en tu vida en este momento. ¿Estás esperando
pacientemente algo que aún no tienes? Quizá sea la esperanza de tener un hijo. Quizá sea la esperanza de disfrutar
una curación física. Tal vez sea la esperanza de tener un
matrimonio restaurado o gozar de libertad financiera. Son
cosas que *puedes esperar* con la ayuda de Dios.

Escribe cuál es tu esperanza. ¿Qué esperas de tu vida?

Si no se te ocurre nada que escribir, ora para que Dios te
dé una visión de algo que esperar. Como madre, afirmo
que es bueno soñar a lo grande. Recuerda lo que dice
Proverbios 13:12 sobre "el deseo cumplido". ¡Fuiste diseñada por Dios para tener sueños!

Lee Salmos 119:74; 1 Tesalonicenses 5:8; Tito 1:2.

Basándonos en estos versículos, ¿en qué debería estar
arraigada nuestra esperanza?

¿Has puesto alguna vez tu esperanza en estas cosas?

Dedica hoy algún tiempo a la oración pidiéndole a Dios
que te dé esperanza o que te devuelva la que tuviste en

algún momento. Si no has puesto tu esperanza en Cristo, la vida eterna, la Palabra de Dios y la salvación, tal vez te sientas impulsada a hacerlo ahora. Jesús anhela darte la esperanza que tu alma está pidiendo a gritos. La esperanza de la vida eterna nunca te fallará. Siempre podrás aferrarte a su Palabra. A través de la salvación, siempre tendrás algo que esperar.

Te dejo con las palabras de Pablo en Romanos 15:13: "Que el Dios de la esperanza los llene de toda alegría y paz a ustedes que creen en él, para que rebosen de esperanza por el poder del Espíritu Santo".

Confío en ti para que llenes las grietas

11

¿Qué pasa con las grietas de mi vida?

Por cuanto todos pecaron ... están
destituidos de la gloria de Dios.
ROMANOS 3:23 RVR1960

■ ■ ■ ■

Muchos años estuve mirando las encimeras de laminado blanco manchadas de mi cocina y soñaba con sustituirlas por granito. No solo estaban descoloridas y rayadas, sino que partes de ellas estaban abultadas por los daños causados por el agua. Digamos que habían visto días mejores y era hora de que desaparecieran. No es que quisiera unas lujosas y caras. Solo deseaba unas duraderas que disimularan el polvo y las migas si se me escapaban algunas manchas al limpiarlas. El tipo concreto que quería era una de esas que podían, incluso, soportar que se colocaran objetos calientes directamente sobre su superficie y que fueran duraderas. Además, creo que el granito es más bonito.

Ahorramos varios años para permitirnos adquirirlas. Finalmente, tuvimos suficiente dinero para remodelar la cocina. Me emocioné mucho el día que vi cómo arrancaban el laminado y lo destruían. Unos días después, mientras estaba fuera de la ciudad, el contratista me llamó para decirme que había llegado el granito.

Entonces me preguntó qué quería primero: ¿las buenas noticias o las malas?

No me gustó nada cómo sonó su observación. Me aseguró que el granito tenía un aspecto muy bonito, pero que había vetas considerables a lo largo de ambas encimeras que parecían grietas. Yo conocía lo suficiente sobre granito como para saber que es bastante común que este material tenga vetas. Por eso me había tomado la molestia de ir al distribuidor de granito y elegir directamente mis piezas. Quería asegurarme de que no tuviera vetas. Ahora, según el contratista, teníamos exactamente lo contrario de lo que yo había pedido. Me limité a sacudir la cabeza y le dije que me ocuparía de ello cuando llegara a casa.

Detecté las vetas como grietas en cuanto entré en la cocina. Rápidamente me di cuenta de que no había una solución para ese problema. No es como si uno pudiera simplemente empaquetar las encimeras de granito, agarrar el recibo y devolverlas a la tienda. El instalador culpó al distribuidor. El distribuidor culpó al mayorista. El mayorista dijo que había entregado el lote exacto que yo había elegido. En otras palabras, me culpó a mí. Nadie estaba dispuesto a ayudar a solucionar el problema sin muchos quebraderos de cabeza y costos. Básicamente, iba a tener que lidiar con las grietas o gastar dinero que no teníamos para que las cambiaran.

Frustrada, me senté en la barra de la cocina y me quedé mirando las feas líneas negras que desfiguraban las preciosas encimeras con las que había soñado tantos años. Me di cuenta de que cada vez que miraba las vetas, me evocaban algún tipo de emoción. No podía cambiar eso. Pero podía cambiar la emoción que provocaban.

Pasé la mano por la marca negra y oré para obtener la perspectiva de Dios. Lo primero que se me ocurrió fue que aunque la veta parecía una grieta, no lo era. Era un suceso natural que, en realidad, mostraba la autenticidad del granito.

Eso no me hizo sentir mejor.

Lo siguiente que se me ocurrió fue que las encimeras seguían siendo perfectamente funcionales. Aún podrían servir para el propósito que yo había deseado.

Cierto, pero eso tampoco me hizo sentir mejor.

Entonces sentí que la suave voz de Dios llenaba mi corazón con su sabiduría. "Cada vez que haya un vacío en tu vida, deja que tu corazón sea atraído hacia mí. De este lado del cielo, siempre habrá grietas, vacíos. La vida siempre tendrá sus limitaciones. Cada vez que notes la veta en tu granito, ve eso como un recordatorio de que yo puedo llenar tus grietas. Que sea un llamado para que me alabes".

Aunque no había un hueco real en el granito, sí existía en cuanto a la forma de satisfacer mis expectativas. Este tipo de grietas, vacíos, brechas o lagunas pueden ser frustrantes, molestos y bastante agotadores. Tu esposo se olvida del aniversario de bodas, una grieta. Tu hija quiere desesperadamente ser buena en algo en lo que claramente no lo es y no sabes cómo orientarla con cariño en otra dirección, otra laguna. Te has prometido a ti misma no actuar de forma tan hormonal durante tu próximo ataque de síndrome premenstrual pero, en medio de un arrebato por algo muy pequeño, vuelves a fallar, un vacío. Tu marido y tú trabajan muchas horas y por fin controlan su presupuesto. Se acabaron los gastos imprevistos. Entonces surge una reparación del auto o llega una factura médica; o una visita a la tienda de comestibles sin tu lista de compras altera tu presupuesto otra vez, otro vacío.

Ya sea que se trate de una brecha en tu matrimonio, en tus habilidades como padre, en tus finanzas, en tus amistades, en tu trabajo, en tu caminar espiritual o incluso en tus mostradores, Dios quiere revelarte su capacidad para llenar esa brecha. Él quiere susurrarte sus verdades, sus perspectivas y su sabiduría directo a tu corazón. Él escucha tus clamores. Él te ayudará a lidiar con la brecha. Dios solo quiere que recuerdes tres verdades cuando se te presenten las grietas de la vida:

1. Que esta brecha sea un recordatorio para acercarte más a Dios. Siempre habrá grietas en la vida a este lado del cielo. Nos recuerdan que este no es nuestro verdadero hogar. Nuestras almas fueron creadas para la perfección del paraíso, pero nuestra travesía aquí en la tierra está plagada de baches y charcos de barro. Si no fuera así, no desearíamos nuestro verdadero hogar. Nos complaceríamos tanto aquí que no seguiríamos hacia el cielo. También tenemos que preguntarnos francamente si esta brecha es el resultado de un deseo pecaminoso que libra una guerra en nuestro corazón. Si es así, admítelo, arrepiéntete de ello y pídele a Dios que libere tu corazón de eso. La Primera Carta de Pedro, 2:11, dice: "Queridos hermanos, les ruego como a extranjeros y peregrinos en este mundo que se aparten de los deseos pecaminosos que combaten contra el alma". Si puedo ser sincera, debo decir que el verdadero problema de la grieta en mi encimera era mi propio orgullo. Este es un signo de imperfección y, a mí, no me gusta nada que se vean mis imperfecciones. *Señor, por favor, libera mi corazón de estas tendencias orgullosas.*

2. La perspectiva de Dios para lidiar con una brecha te da esperanza. Esta esperanza glorificará a Dios y hará que los demás noten a Cristo en ti. La Primera Carta de Pedro, 3:15, afirma: "Más bien, honren en su corazón a Cristo como Señor. Estén siempre preparados para responder a todo el que pida razón de la esperanza que hay en ustedes". Cuando la gente me pregunta por las líneas negras que surcan mis encimeras, sonrío porque la interrogación me prepara el camino para hablar de Jesús. Apuesto a que la mayoría de la gente aprecia mi contestación extraña e inesperada. Seguro que esperan una respuesta llena de refunfuños y quejas. En vez de eso, les cuento cómo me recuerdan las marcas de mis encimeras las grietas de mi vida. Me refiero a la manera

en que dependo de Dios para lidiar con ellas. Esas experiencias me traen alegría, glorifican a Dios y, tal vez, hacen que otros piensen en los vacíos de sus vidas desde una perspectiva un poco diferente.

3. La brecha no va a durar toda la eternidad. O desaparece ella o lo hará tu conciencia de su existencia. La Primera Carta de Pedro, 5:6-7, declara: "Humíllense, pues, bajo la poderosa mano de Dios para que él los exalte a su debido tiempo. Depositen en él toda ansiedad, porque él cuida de ustedes". Cuando se instaló el granito la primera vez, lo único que noté fueron las vetas, pero —en el fondo— el tiempo tiene una gran manera de dejar que las cosas se desvanezcan. A menos que alguien pregunte por las —antes famosas— vetas negras, ya no las noto; ni me doy cuenta de ellas. Se disimulan con las otras pintas y marcas naturales del granito. Ahora solo forman parte de las encimeras. Dios me ha elevado más allá de la preocupación trivial por una veta en las encimeras de mi cocina. Hay otras grietas en mi ser que no son tan insignificantes, las cuales espero superar pronto. Pero Dios cuida de mí todos y cada uno de los días. Cuando echo mis preocupaciones sobre él, me colma de su afecto y hace que desaparezcan las preocupaciones por mis grietas.

Ve a ese lugar de tu casa donde hay una brecha. Tal vez sea una gran mancha en la alfombra de tu oficina, unas marcas de lápices de todos colores en las paredes del pasillo o unos arañazos en el suelo. (¡Yo también tengo todas esas grietas!) Pídele al Señor que te dé una nueva perspectiva en cuanto a esas brechas. Sé sincera con Dios cuando hables de las grietas que te hacen sentir, a veces, abrumada y agotada. Deja que ese recordatorio físico se convierta en un tierno santuario donde obtuviste una nueva perspectiva de Dios. Si lo ves de esa manera, vencerás las brechas. Refréscate y vuelve a llenarte cuando ya no jadees ante las grietas de la vida.

▪▪▪▪ Refresca mi alma ▪▪▪▪

Lee el Salmo 51.

Este salmo fue escrito como un canto de confesión después de que David cometiera adulterio con Betsabé. En este salmo, David es dolorosamente consciente de sus grietas y sus carencias. Sabe que lo único que puede hacer es recurrir a la gracia de Dios y pedirle que llene sus brechas en los días venideros. Estas frases me llamaron la atención:

> *Lávame de toda mi maldad y límpiame de mi pecado (versículo 2).*

> *Crea en mí, oh Dios, un corazón limpio y renueva un espíritu firme dentro de mí (versículo 10).*

> *Devuélveme la alegría de tu salvación; que un espíritu de obediencia me sostenga (versículo 12).*

¿Cómo respondió David a sus grietas? ¿Cómo deberías responder tú a las tuyas?

"Todos han pecado y están privados de la gloria de Dios" (Romanos 3:23). Todos tenemos grietas. Nadie está libre de pecado. Ninguno de nosotros alcanza la perfección de Dios ni cumple las normas que estableció para nosotros. La palabra "pecado", en realidad, significa "errar el blanco". Dios sabe que a diario lo erramos. Podemos intentar ser perfectos, pero nunca lo seremos. Nuestra única esperanza está en Cristo.

Lee Efesios 5:25-27; Colosenses 1:22.

Jesús quiere presentarnos a Dios como su rebaño perfecto y sin pecado. Algún día eso sucederá, cuando nos presente a la Iglesia, como su Novia. ¿Qué dicen estos versículos en cuanto a que seamos perfectos a los ojos de Dios? ¿Te da esto esperanzas de cómo será la eternidad? Piénsalo. ¡No más grietas!

"Pero cuando llegue lo perfecto, lo imperfecto desaparecerá" (1 Corintios 13:10). Entre tanto, mientras esperamos el regreso de Cristo, ¿qué podemos hacer?

¿Dónde se encuentra la perfección en nuestras vidas? ¿Cómo podemos perseguir la perfección?

Permíteme ser clara. No me refiero a una perfección terrenal, mundana. No hablo de una perfección exterior. Con ese término me refiero a la perfección espiritual o completa comunión con Dios. Ser perfecto es ser hallado agradable a los ojos de Dios. Esto no se logra a través de acciones o actitudes, sino por medio de una relación con Jesucristo. No es algo que podamos buscar por esfuerzo propio. Hebreos 12:2 dice: "Fijemos la mirada en Jesús, el iniciador y perfeccionador de nuestra fe". Jesús fue el autor de nuestra salvación, lo cual hizo mediante su muerte y su resurrección. A medida que somos transformados a su imagen a través de nuestro caminar cristiano, vamos siendo perfeccionados cada día.La única manera en que podemos esperar la perfección es siguiendo a aquel que es perfecto.

Lee Mateo 5:48; 19:21; Hebreos 10:1, 14.

Escribe sobre algunas formas en que estos versículos abordan el ser perfecto.

¿Desearías ser la esposa perfecta? ¿La madre perfecta? ¿La cristiana perfecta? ¿Quién no lo ha deseado alguna vez? A mí me encantaría librarme de todos mis arañazos, grietas, manchas e imperfecciones. Espero que permitas que estos versículos te brinden hoy el consuelo y la seguridad de que, aun cuando tal vez no sea el tipo de perfección en el que pensabas, es posible ser perfecta a los ojos de Dios.

12

¿Por qué siempre me quejo?

Sé agradecido. Cultiva una "actitud de gratitud". El agradecimiento depende mucho más de la actitud que de las circunstancias. Cuando sientas la falta de lo que no tienes, ¡agradece a Dios lo que sí tienes! En cualquier momento, hay más cosas que van bien en la vida de un cristiano comprometido que las que van mal. Solo que lo "mal" hace mucho más ruido que lo "bien".

JIM STEPHENS

■ ■ ■ ■

El arte de dar las gracias es algo que todos deberíamos transmitir a nuestros hijos. No estoy hablando de la fiesta con tarta de calabaza y pavo. No hablo de decorar con cornucopias, tallos de maíz secos y espantapájaros. No hablo de poner una mesa a la luz de las velas con mantelería elegante y plata fina. Aunque todas esas son formas artísticas de expresar el Día de Acción de Gracias, estoy hablando de la actitud de agradecimiento que tan fácilmente puede pasarse por alto. Hablo del arte de decir "gracias".

Soy muy bendecida. Pero también soy culpable de distraerme tanto con mis bendiciones que me olvido de agradecer a aquel de cuyas manos vienen estas cosas. ¿Veo a la creativa hija con la que he sido bendecida o me limito a refunfuñar por sus desaguisados artísticos? ¿Veo como una bendición la salud de un hijo que puede hacer deporte o solo me quejo por su ropa sudada? ¿Veo el hogar con el que he sido bendecida o solo refunfuño por las constantes tareas que debo realizar para mantenerlo limpio? ¿Veo lo bendecidos que somos por tener comida siempre que queremos o solo me quejo por una cocina que nunca parece estar limpia? Ya te haces una idea de lo que quiero decir.

Decidí que quería ser más intencional a la hora de expresar mi agradecimiento. También deseaba ser más deliberada al momento de promover y desarrollar una actitud de agradecimiento en mis hijos. Quiero que las palabras "gracias" salgan tan fácilmente de sus labios que se conviertan en algo natural. Sin pensar ni hacer mucho esfuerzo, que digan "gracias" tanto por lo grande como por lo pequeño. Quiero que se lo digan al Señor, a las personas que conocen e incluso a aquellas que no conocen pero a las que deberían expresar su gratitud.

Al darme cuenta de que debo modelar lo que enseño, decidí evaluar lo agradecida que estoy realmente. Mientras hacía una lista mental de las cosas por las que estaba agradecida, de repente me distraje con una cantidad inusual de zapatos que estaban fuera de lugar y esparcidos por toda la casa. Eso no es tan espiritual, lo sé, pero los zapatos parecían estar saliendo de la nada y reclamando a gritos mi atención. Pasé de ser una mujer bendecida con el corazón lleno y centrado en Dios a una gruñona que, de repente, se sentía frustrada y agotada. ¿Cuántas veces he recogido zapatos? En mi travesía como madre, ¿cuántos zapatos recogeré y volveré a colocar en su sitio, solo para recogerlos y volverlos a poner una y otra... y otra... y otra vez?

Conté catorce pares de zapatos que estaban justo a la vista de donde yo estaba sentada. Tras una inspección más detallada, vi que estaban por todas partes: en la puerta trasera, en la puerta principal, en el lavadero, en el pasillo, en la cocina, junto al plato del perro, en las escaleras, en el baño de invitados, en mi cuarto de baño, en el suelo de las habitaciones de los niños e incluso en el armario de la ropa blanca. Me frustraba mucho que esos zapatos no estuvieran donde se suponía que debían estar. En mi mente empezaron a danzar figuras imaginarias de listas de tareas y consecuencias por dejar cosas por doquier. Incluso llegué a pensar que eso era una prueba más de que mis hijos no son tan agradecidos como deberían. Los niños que muestran realmente estar agradecidos por sus zapatos se preocuparían lo suficiente como para guardarlos en los zapateros de sus armarios.

Sin embargo, mientras reprendía mentalmente a mis hijos por su ingratitud, sentí que Dios me daba suavemente una parte de mi propia reprimenda. ¿Estaba yo ejemplarizando lo que quería que mis hijos modelaran en sus vidas? Los zapatos desparramados son algo normal y cotidiano que esconden un tesoro. La forma en que eligiera mirar esos zapatos determinaría si me sentía agotada y frustrada o llena y agradecida.

Me detuve y di gracias a Dios por esa prueba de vida. Unos tenían hierba y suciedad como muestra de que nuestros niños están lo bastante sanos y fuertes para correr y jugar. Otros tenían marcas de desgaste a causa del exceso de baile en el cemento del exterior. Aun otros tenían marcas de los dientes de nuestro querido perro, Champ, cuyo pasatiempo favorito es perseguir niños, pelotas y morder zapatos perdidos. Uno tenía restos de pintura porque era parte de un proyecto escolar. Todos estaban bien desgastados, rotos y definitivamente usados.

Así que aquí estoy, en la travesía de la vida en una temporada de tacos de fútbol, zapatos de princesa, botines altos de baloncesto, botas de aspirante a adolescente, zapatillas de dormitorio de gatito y chanclas de gimnasia. Es curioso cómo estos zapatos cuentan historias de vida, si pudiera escucharlas. Juegos ganados y perdidos, fantasías de niñas, sueños de futuro, comodidades del hogar y expresiones de estilo.

Tal vez te hayas sentido un poco frustrada con los zapatos regados por toda tu casa. Pero la próxima vez que los recojas, en vez de dejarte llevar por la frustración, escucha atentamente la historia que cuentan. Escucha con atención y da gracias a Dios por todas y cada una de las pruebas de la vida.

Puse los zapatos en una gran pila en medio de mi cocina y les tomé una foto. No estaban ordenados ni perfectamente combinados. Estaban regados y revueltos. Parecía una pequeña fiesta de zapatos, a la que todos los tamaños y formas habían sido invitados. Creo que enmarcaré esa foto y dejaré que me recuerde a menudo la belleza de un enfoque acertado.

La forma en que veo las cosas marca un mundo de diferencia. Si mi enfoque es que la vida que tengo simplemente me agota, entonces me sentiré constantemente agotada. Pero si puedo descorrer el velo y asomarme detrás de los líos, las tareas y los defectos de los demás, veré el tesoro que representan esas cosas. ¡Soy esposa! ¡Soy madre! Tengo el privilegio de desempeñar esos papeles eternamente significativos para unas personas bastante asombrosas... ¡mi familia!

¿Y mi lista de agradecimientos? Al final volví a ella. Estoy agradecida por el regalo de nuestro Salvador. Estoy agradecida por mis hijos. Estoy agradecida por los amigos y la familia extendida. Estoy agradecida por nuestro hogar lleno de vida y mucha actividad. Y, por extraño que parezca, estoy muy agradecida por los zapatos... ¡especialmente por los que huelen mal!

▪▪▪▪ Refresca mi alma ▪▪▪▪

Lee Salmos 56:13; 66:8-9; Proverbios 4:25-27; Lucas 1:79; Hebreos 12:13.

¿Alguna vez te has detenido a pensar en los zapatos malolientes de tu casa? ¿Y en todos esos calcetines fétidos? (¡Quizá en el cielo nos enteremos de dónde están todos los calcetines que desaparecieron en nuestros hogares!) Puede que no veas los zapatos malolientes y los calcetines hediondos como bendiciones de la maternidad, pero hoy vamos a fijarnos en lo que Dios tiene que decir sobre los pies que van en esos zapatos y esos calcetines. Son los pies de los que más quiere en el mundo.

Utilizamos nuestros pies para llegar a donde necesitamos ir. Nos llevan al lugar que les señalemos, ya sea bueno o malo, correcto o incorrecto. Cuando pienses en los zapatos de tu casa, piensa adónde llevan esos pies a tus seres queridos. ¿Están tomando buenas decisiones? ¿Están honrando a Dios con sus palabras y sus acciones doquiera que van?

Los versículos que has leído hoy nos aseguran que Dios vela por nuestros pies. Salmos 40:2 dice: "Puso mis pies sobre una roca, y me plantó en terreno firme". A él le interesa saber adónde nos llevan nuestros pies y quiere que, incluso, esos pies lo honren. ¿Has oído alguna vez la expresión: "Perdí el control a causa de un resbalón"? Él no quiere que resbalemos ni caigamos. ¿Cómo logra que eso sea posible? Haciendo que nuestras sendas sean rectas y dándonos una luz que guíe nuestro camino. Por eso salmista proclamó, en Salmos 119:105, que: "Tu palabra es una lámpara a mis pies; es una luz en mi sendero".

Estas palabras nos aseguran que Dios puede y proveerá un camino para que lo honremos con nuestros pies. Podemos perseverar en el camino que conduce a la justicia permaneciendo en la Palabra, fijando nuestros ojos en él y orando por su instrucción.

Quiero instarte a hacer algo que puede parecerte una tontería. Ora por los zapatos de tus hijos. La próxima vez que tropieces con una zapatilla de tenis perdida, ora por el piececito que la usa. La próxima vez que vea una sandalia extraviada fuera de casa, ora por los deditos pintados de rosa que la dejaron atrás. La próxima vez que encuentres un gran par de mocasines masculinos tirados junto a una puerta, ora por la gran responsabilidad que descansa sobre esos pies. La próxima vez que dobles la ropa y encuentres calcetines a los que les falta su pareja, da gracias a Dios por bendecirte con seres queridos a los que les doblas la ropa. Y si encuentras un par realmente emparejado, ¡es el momento de alabarlo!

13

¿Por qué siempre estoy preocupada?

Solo son aptos para vivir los que no temen morir. Y no
son aptos para morir los que han rehuido la alegría
de vivir y el deber de la vida. Tanto la vida como la
muerte son partes de la misma gran aventura.
THEODORE ROOSEVELT

■ ■ ■ ■

El mayor temor de un padre suele ser no poder mantener a su familia. El mayor temor de una madre usualmente es que le ocurra algo a uno de sus hijos. El miedo es algo curioso. A veces proporciona una cautela saludable, pero la mayoría de las veces parece producir un estrés y una ansiedad indebidos respecto a cosas sobre las que tenemos poco o ningún control.

La Biblia tiene mucho que decir sobre ese tema. De acuerdo a una búsqueda de textos bíblicos, la frase "no temas" o su equivalente aparece 365 veces en las Sagradas Escrituras. Veamos, ¿cuántos días tiene el año? Bueno, eso significa que tenemos un versículo al que aferrarnos cada día del año.

He aquí algunos de mis versículos favoritos acerca del miedo:

Así que no temas, porque yo estoy contigo; no te angus-
ties, porque yo soy tu Dios. Te fortaleceré y te ayudaré;
te sostendré con la diestra de mi justicia (Isaías 41:10).

No temas, que yo te he redimido; te he llamado por tu
nombre; tú eres mío. Cuando cruces las aguas, yo estaré
contigo; cuando cruces los ríos, no te cubrirán sus aguas;
cuando camines por el fuego, no te quemarás ni te abra-
sarán las llamas. Yo soy el Señor tu Dios, el Santo de
Israel, tu Salvador (Isaías 43:1-3).

Señor es mi luz y mi salvación; ¿a quién temeré? El Señor
es el baluarte de mi vida; ¿quién me asustará? (Salmos
27:1).

Un día estaba preocupada por haber permitido que uno de mis
hijos fuera al lago con otra familia. Confiaba plenamente en esas
personas, por lo que no tenía motivos reales para sentirme ansiosa;
pero una mordaz sensación que me hacía dudar —y que hacía
que me preguntara "qué pasaría si..."— parecía ser mi compañera
constante. No dejaba de tener pequeños presentimientos de que
se había hecho daño o algo peor. Entonces me acerqué al papá
de mis hijos y le pregunté si, por casualidad, pensaría lo mismo.
Simplemente dijo que no.

No pude evitar indagar un poco más y volver a preguntarle.

—¿Quiere decir que hoy no has pensado en ningún escenario
hipotético con respecto a la seguridad de nuestra hija?

—No, la verdad es que no —respondió con calma.

—Tienes que estar bromeando —dije, sin creer que pudiera
pasar toda una tarde sin tener ni uno solo de mis mismos teme-
rosos pensamientos. Me picó la curiosidad y tuve que hacer más
preguntas.

—¿Alguna vez te asustas cuando los niños viajan en carro con
otras personas? Quiero decir, ¿alguna vez los ves montarse y elevas
súplicas urgentes por su seguridad? ¿O qué me dices de cuando

los chicos se fueron de viaje misionero este verano? ¿Estaban tus sentidos en alerta máxima hasta que volvieron a estar a salvo bajo nuestro techo? ¿Y cuando las niñas volaron para ver a su abuela este verano? ¿Pasó por tu mente algún pensamiento acerca de accidentes aéreos pasados? ¿Qué piensas todas las veces que vuelo para dar conferencias? ¿Temes por mi seguridad?

Simplemente dijo:

—Por supuesto que quiero que todos estén a salvo y claro que oro por ello. Pero, ¿miedo? No, no puedo decir que sienta miedo.

De repente, me asaltó un pensamiento obscuro. Creo que esta es la razón por la que estoy tan agotada mentalmente al final del día. Mi mente está en constante movimiento cuando se trata de mis hijos. La mayoría de las cosas son pequeñas preocupaciones cotidianas, como: ¿Se han lavado los dientes? ¿Tienen frío? ¿Han desayunado lo suficiente? ¿Estudiaron sus lecciones de ortografía? Pero entonces tengo destellos de miedo que me atraviesan el corazón y hacen que se me acelere el pulso. La mayoría de las veces eso ocurre cuando me entero de cosas malas que les han pasado a otros niños. Un terrible accidente de autos, un tumor cerebral, un defecto cardíaco, un ahogamiento, un niño que se asfixia... esta lista de "y si..." es ilimitada. ¡No es de extrañar que esté tan cansada!

Lo analicé totalmente perpleja y me pregunté cómo podía vivir tan tranquilo, sin miedo a una posible tragedia. Entonces me vino la analogía perfecta para ayudarlo a comprender lo agotadores que pueden ser esos temores. "Cariño, pienso en el bienestar de nuestros hijos y reflexiono sobre su salud y su seguridad tanto comó tú piensas en el sexo. ¿Ayuda eso a aclarar lo mucho que esto consume mi energía mental?". Se limitó a sonreír y a negar con la cabeza.

Es correcto que las madres seamos protectoras con nuestros hijos y velemos por su bienestar. Es uno de los aspectos más importantes de nuestra función. Pero no es correcto que el miedo a lo desconocido nos paralice y ahogue a nuestros hijos en el proceso. La realidad es que Dios ha asignado un número determinado de días a nuestros hijos, y nada de lo que hagamos o dejemos de hacer aumentará ese número. "¿Quién de ustedes, por mucho que se preocupe, puede añadir una sola hora al curso de su vida?" (Mateo 6:27).

No hablo de este tema a la ligera. Sé que a veces, a los niños, les pasan cosas malas. Cuando tenía dieciocho años, mi madre dio a luz a mi preciosa hermana, Haley. Debido a nuestra diferencia de edad, era más mi hija que mi hermana. Amaba a Haley profundamente. Pero la tragedia la golpeó cuando solo tenía dieciséis meses. Sobrevivió a un trasplante de hígado, pero surgieron complicaciones durante una operación rutinaria de seguimiento. A pesar de todas nuestras súplicas para que el Señor la sanara, su respuesta fue negativa. Haley falleció.

Estaba segura de que después de que mi familia pasara por una tragedia de esa magnitud no podría volver a ocurrirnos. Pero cuando mi Ashley tenía solo seis semanas, enfermó gravemente. Su papá y yo oímos las palabras de un médico que ningún padre quiere oír jamás: "No estamos seguros de que pueda superar la operación. Tienen cinco minutos para despedirse de ella". Aunque mi voz estaba paralizada y en silencio, mi alma gritaba: "¡Nooooo, no puedes llevártela! No dejaré que te la lleves". ¿Cómo decirle adiós a toda una vida de sueños envueltos en una sola niña?

Mientras se la llevaban en silla de ruedas, me derrumbé. Fui llevada suavemente hasta el aparcamiento del hospital. Una vez afuera, ahuecó mi cara entre sus manos y me preguntó a quién pertenecía realmente Ashley. ¿De quién era realmente hija? Con cada una de sus preguntas, yo seguía diciendo que era mi hija. A través de sus propias lágrimas, siguió haciéndome estas mismas interrogantes hasta que, finalmente, le respondí con la verdad. "Es hija de Dios".

"Así es. Es hija de Dios. Él nos la dio y, si quiere, podría llevársela. Pero tanto si se la lleva como si la deja, tenemos que estar aquí hoy y decir que lo amamos pase lo que pase. No estamos diciendo que amamos lo que él podría permitir que suceda, sino que debemos amar a Dios por lo que es, no por lo que haga".

Sabía que él tenía razón, pero no podía soportar perder a mi hija. Al mismo tiempo, no podía aguantar la idea de dejar que mi alma se volviera vulnerable a alejarse de Dios si su respuesta era negativa. Me había alejado de Dios cuando perdimos a Haley y esa fue la época más oscura de mi vida. No podía volver a hacer eso. Así que, en medio de las lágrimas y el dolor, levantamos mentalmente a nuestra hija y la devolvimos a Dios. Aunque mis lágrimas no cesaron, el pánico en mi corazón sí lo hizo. Sentí que una paz asombrosa me inundaba y llenaba cada grieta adolorida de mi alma.

La crisis de Ashley terminó de forma diferente a la de Haley. La respuesta de Dios fue dejarla con nosotros y sanó. ¿Por qué Dios salvó a Ashley y se llevó a Haley? Nunca lo sabré. Pero la lección de maternidad que aprendí aquel día en ese estacionamiento se quedará conmigo para siempre. Cuando temo por mis hijos, tengo que revivir ese ejercicio. Tengo que volver a aquel aparcamiento y elevar a mis hijos ante Dios. Tengo que afirmar que son suyos ante todo. Tengo que proclamar mi amor por Dios pase lo que pase. Sí, pido que se les mantenga a salvo. Sí, creo en el poder y la provisión de la oración, pero tengo que darme cuenta de que no puedo controlar la seguridad de mis hijos. Ni con mis oraciones, ni con mis preocupaciones, ni mucho menos con mis temores.

Quizá nunca hayas realizado este ejercicio. Cierra los ojos y sitúate en el parqueadero conmigo. Eleva al Señor a cada uno de tus hijos. Ora por su protección y su provisión. Dile que confías en él. Pero que el clamor más profundo de tu corazón sea por el valor de decirle a Dios que lo amarás pase lo que pase.

■ ■ ■ ■ Refresca mi alma ■ ■ ■ ■

Lee Salmos 27:1; 34:4; 46:1-2.

¿Recuerdas la primera vez que tu hijo te dijo que tenía miedo? Puedo recordar cuando cada una de mis hijas pasaron de ser niñas confiadas e intrépidas a convertirse en preescolares temerosas y tímidas. Empezaron a ser conscientes de las cosas que podían hacerles daño. Los ruidos fuertes, la oscuridad y los monstruos bajo la cama se transformaron, de repente, en parte de su mundo. Aunque sabían que mamá y papá podían protegerlas, y que les enseñé a orar cuando tuvieran temor, el miedo seguía formando parte de sus vidas.

No soy diferente de mis hijos en lo que respecta al miedo. Aunque puede que no tenga miedo a los monstruos que hay debajo de la cama, sí que permito que surjan otros temores en mi vida. Alguien me dijo una vez que el miedo son "expectativas falsas que parecen reales". Temo las enfermedades infantiles, los fracasos en la crianza y al futuro. Permito que lo desconocido se apodere de mi vida y nuble mi juicio. Con ello, permito que esos escenarios hipotéticos adquieran proporciones mayores que las reales.

Cuando eso sucede, debo detener el tren de pensamientos que transita por mi mente y tomar una de dos decisiones: reaccionar ante el miedo o recurrir al Señor. Cuando reacciono al miedo, tomo decisiones irracionales que generalmente van en contra de lo que Dios me ha llamado a ser. Lo que hago por miedo nunca cumple los propósitos de Dios conmigo. He aprendido que Dios no honra las decisiones que resultan de que piense algo como: *Bueno, necesito hacer* _____ *porque temo* _____. Esos son los momentos en los que debo dejar de recorrer ese camino, confesar mis miedos y ponerlos en manos de Dios. Al hacer eso, puedo liberarme del miedo y actuar de acuerdo a su dirección divina.

Si estás lidiando con el miedo hoy, decide recurrir a Dios y no ceder ante el miedo. Escribe aquí tu decisión.

Identifica los miedos a los que te enfrentas en este momento. Escribe una oración al Señor acerca de esos miedos. Confiésaselos a él y pídele que te ayude a librar la batalla contra el miedo en tu vida.

He aquí una oración que pronuncio a menudo:

> *Querido Señor, por favor, ayúdame a tomar la decisión correcta cuando el miedo amenace con invadir mi vida. Ayúdame a no reaccionar ante el miedo, sino a recurrir a ti. Gracias, Señor, por ser el baluarte de mi vida.*

¿Estás permitiendo que las falsas expectativas parezcan reales en tu vida?

¿Existen temores crónicos que Satanás utiliza para distraerte y evitar que cumplas el propósito de Dios para ti?

Aprende a reconocer cuando el miedo huye de ti y no sigas por ese camino.

Si estás luchando contra el miedo, copia Salmos 27:1 en una ficha y pégalo en algún lugar para que lo veas a lo largo del día. Haz un estudio de palabras utilizando tu concordancia bíblica para encontrar otros versículos que hablen a tu corazón sobre el miedo. Te dejo con uno que me gusta:

> *Serás establecida en justicia; lejos de ti estará la opresión. Nada tendrás que temer; el terror se apartará de ti, no se te acercará (Isaías 54:14).*

14

¿Cómo me ven las demás madres:

estupenda o descuidada?

Una aureola solo tiene que deslizarse unos
centímetros para convertirse en una horca.
EL ALMANAQUE DEL GRANJERO

■ ■ ■ ■

¿Qué sombrero me pongo hoy? Veamos la variedad de opciones. Aquí hay uno precioso de ala ancha al estilo sureño... a mis amigas que siempre están a la moda les encantaría. Ah, y qué tal una gorra de béisbol... creo que me queda muy linda. Luego tengo este sombrero blanco de enfermera, ribeteado con un lazo rojo... esperemos que nadie necesite que me lo ponga hoy. Vaya, aquí hay uno negro puntiagudo... pongamos ese en la basura. Y, por supuesto, todos mis sombreros de madre: el de chofer, el de la que hace de todo, ayudante de proyectos, editora, profesora, cocinera, asistenta, coordinadora de actividades, planificadora de vacaciones y el de historiadora familiar. El sombrero, sin embargo, debe expresar plenamente lo que soy, no solo qué papel estoy desempeñando en un momento dado. Pero, para ser sincera, no me gustan mucho los sombreros. Creo que hoy me recogeré el pelo con una pinza y seré simplemente yo.

Eso es algo difícil para nosotras, las madres, ya... ser simplemente nosotras mismas. A menudo nos vemos atrapadas en esta extraña era de definirnos a nosotras mismas por el tipo de mamá que otras personas ven en nosotras. Hoy he pasado el día investigando sobre los títulos que definen a las madres y he encontrado algunos debates interesantes. Básicamente, parece haber una gama de comportamientos o actitudes maternales, de un extremo al otro, en las que unas muestran una obra maestra de arte diseñada profesionalmente y que reza: "Las supermadres son las mejores y, por cierto, mi hijo ganó a tu hijo en el concurso de gramática... ¡otra vez!", mientras que en el otro extremo hay un póster garabateado a mano —de aspecto desaliñado— que dice: "Las madres descuidadas mandamos... y la idea de pasar horas memorizando verbos y su ortografía nos da náuseas".

Encontré libros, películas, programas de televisión, artículos de revistas y *blogs* en abundancia escritos sobre este debate. Curiosamente, cuando hice una búsqueda acerca de "sobrepaternidad" [o paternidad excesiva], había 663 resultados. Pero cuando hice una búsqueda sobre "madre descuidada" había la friolera de 22.000 resultados. Hmm... parece que las madres descuidadas tienen más tiempo para navegar en internet. Ah, hoy he pasado bastante tiempo en internet, ¿será que soy una madre descuidada? Pero ayer mismo me pasé 12 horas llevando a mi hija a su práctica de gimnasia. La llevé en auto, la vi competir, la elogié por un trabajo bien hecho y la llevé a cenar después. ¿Es probable que esté excediéndome en mi función maternal? O tal vez simplemente estoy haciéndolo lo mejor que puedo y no encajo realmente en ninguno de los dos bandos.

Así como no me gustan los sombreros, tampoco me agradan las etiquetas. Quiero ser una buena madre para los niños que Dios ha confiado a mi cuidado. No quiero ser una mamá descuidada ni una supermamá. Solo quiero ser el tipo de madre que Dios quiere que sea. Anhelo ser una mamá especial con dones, talentos, actitudes, creencias y convicciones propias. Puesto que rindo mi corazón y mi caminar a Dios cada día, creo que él me da sabiduría para manejar lo que necesito tratar cada día. Quiero ser yo misma, con eso me basta. Ciertos días estaré un poco floja. Otros días me sentiré un poco supermamá. Pero, la mayoría de los días, simplemente haré lo mejor que pueda con las circunstancias que me toquen.

Quizá te preguntes cómo es cada extremo de este espectro de la maternidad. La supermamá que se excede en la crianza es la que siempre está en todas las actividades de su hijo. Llama al profesor por cada nota inferior a un sobresaliente. Algunos se refieren a ella como la mamá helicóptero, porque se cierne sobre cada movimiento de su hijo. Es la mamá de la habitación, la mamá del fútbol y la voluntaria extraordinaria. Tiene buenas intenciones, pero debe pararse y preguntarse por qué hace todo eso. Sospecho que quiere que su hijo sobresalga, pero detrás de esa implicación se esconde la realidad de que ella también quiere quedar bien. Quiere que la gente mire a su hijo y la elogie. "Vaya, esa niña va realmente bien en la escuela. Debe tener una madre estupenda". "Caramba, esa niña ha marcado el mayor número de goles en el partido. Debe tener una gran mamá". "Oh, esa niña se porta muy bien. Debe tener una mamá prodigiosa". "Vaya, esa niña ha hecho el proyecto más extravagante de la feria de ciencias. Debe tener una gran mamá".

¿Tener un hijo inteligente y triunfador es algo malo? Por supuesto que no, pero cuando hacemos las cosas por el reconocimiento que nos reporte, nos desequilibramos. Se envía un mensaje peligroso a los niños cuando un padre se implica demasiado. Le dice al niño que el padre lo quiere por lo que hace, no simplemente por lo que es. También le dice al niño que el padre no confía en que sea capaz de triunfar por sí mismo. "Pequeño Johnny, mamá te va a ayudar para que tu proyecto sea el mejor. Cariño, no pegues eso ahí. Vamos a pegar esto aquí. En realidad, deja que lo haga mami". En otras palabras, Johnny, no puedes hacerlo bien, no das la talla. ¿Cómo se va a sentir orgulloso el pequeño Johnny cuando obtenga una nota que sabe que se merece su mamá, no él?

Ay… son palabras que hieren. Porque, sinceramente, ¿qué madre no ha ayudado a su hijo una o dos veces hasta el punto de que básicamente ha hecho todo el trabajo por él? Soy culpable. Por favor, escucha mi corazón. No estoy diciendo que ayudar sea malo. Lo que digo es que cuando intervenimos tanto, y tan a menudo, el mensaje rotundo que nuestro hijo capta es que es un incapaz, lo cual es peligroso.

> *El mensaje… destructivo… es que los padres no confían en que sus hijos hagan lo que se supone que deben hacer, ya sea aprender a dormirse solos, averiguar cómo trepar con seguridad a un árbol o acordarse de hacer los deberes. Este mensaje es especialmente dañino. Los niños no pueden creer en sí mismos si las personas más importantes de su vida no creen en ellos.[1]*

Muchos de los artículos que leí acerca de la paternidad excesiva advertían que los niños que crecen con un progenitor agobiante corren un mayor riesgo de sufrir trastornos de ansiedad y depresión. También son más propensos a divagar después de la universidad, donde llevan una vida menos dirigida y controlada que la que deberían haber tenido en su juventud. Por no decir que criar hijos de esta manera provoca ansiedad, estrés y puede ser completamente agotador. Se centra tanto la atención en el niño que no solo sufre la madre, sino también el matrimonio. Por desdicha, la relación del niño con el padre, a quien se le ha enviado el mensaje de que es el ayudante —no el verdadero padre capaz— también sufre.[2]

En el otro extremo de este espectro están las que se autodenominan con orgullo "madres descuidadas". No es que estas no se preocupen. Al contrario. Les importan las relaciones, no las actividades. Muffy Mead-Ferro, autora de *Confesiones de una madre descuidada,* dijo en una entrevista reciente: "Cuando se trata de crianza, a menudo menos es más". Su libro y su vida tratan sobre cómo apartarse de la "frenética competición de la paternidad moderna". Mead-Ferro aún no ha llevado a ninguno de sus hijos a una clase de música o a un partido de fútbol. "Dice que ha estado demasiado ocupada haciendo cosas como continuar su carrera en publicidad; los niños han estado demasiado ocupados haciendo cosas como jugar en el patio trasero".[3]

Creo que algunas madres se están llevando ellas mismas al borde de la locura al inscribir a sus hijos en todo tipo de actividades, desde fútbol itinerante a clases de violín, pasando por el campamento de preparación para el examen de ingreso a la universidad, los preescolares privados similares a Harvard, los tutores, las clases de modales, las clases de baile o la única cita para jugar que permite su calendario... y eso únicamente en el horario de un solo niño. Sus otros hijos tienen su propia lista de actividades. Una vez vi un dibujo animado que ilustraba perfectamente ese tipo de infancia. Dos niños de preescolar están hablando en el patio, cada uno con su teléfono inteligente en la mano. Tras repasar cada uno sus apretadas agendas, finalmente deciden fijar una cita para dentro de unos meses.

Sin embargo, ser una madre totalmente descuidada es difícil de aceptar por completo. Estas madres no inscriben a sus hijos en ninguna actividad. Los mandan a la calle para que jueguen. Esto luce muy bien, a menos que tengas un hijo que realmente parezca dotado con una habilidad concreta y le encante practicarla. ¿Cómo puedo decirle a mi hija, a la que le encanta la gimnasia y que está destacando en ese deporte, que no quiero molestarme en llevarla a —y traerla de— sus entrenamientos día tras día? Que debería salir a jugar y practicar en el patio o en la calle. ¿Cómo les digo a mis hijos adolescentes que no pueden jugar en el equipo de baloncesto del colegio, aunque ambos tienen inclinaciones atléticas y es sano que participen? Con la conciencia tranquila, no puedo hacerlo.

Por tanto, ¿qué debe hacer una madre? Estoy haciendo una evaluación franca de lo que es real y necesario para mi familia, con el objetivo de hallar el equilibrio perfecto en todo esto. Ninguno de mis hijos va por la vía rápida hacia la Universidad de Harvard, pero ninguno de ellos es un estudiante destacado por su mal desempeño en su escuela, tampoco así. Ahora bien, si tuviéramos un Einstein en la familia, sin duda que promovería ese don. Si tuviera un hijo que, simplemente, no pudiera funcionar en un entorno escolar tradicional, haríamos los cambios necesarios. Equilibrio. Hacer lo que uno puede con lo que se le ha dado basándose en lo que es real y probable.

Sugiero que adoptemos lo bueno de la supermamá para ver si hay algo sensato que haga que se ajuste a las necesidades especiales de nuestros hijos. A continuación, asumamos la actitud serena y sin estrés de la mamá holgazana y evaluemos francamente en qué estamos invirtiendo demasiado tiempo para entonces buscar o crear un poco más de espacio libre en nuestras familias. Oye, mamá, empecemos un nuevo grupo de madres llamado las "mamás realistas". Ah, pero eso no empieza por *sup*... ah, no, ni por *des*... Pero bueno, al menos tenemos un título... qué super.

■ ■ ■ ■   **Refresca mi alma**   ■ ■ ■ ■

Lee Salmos 31:6; 40:4.

Cuando piensas en ídolos, ¿qué te imaginas? ¿Un becerro de oro? ¿Una estatua de un Buda grande y gordo? Los ídolos no solo son tallados en oro o plata. Lo más normal es que estén tallados en lo más profundo de nuestros corazones. Se parecen mucho a las cosas que apreciamos; incluso nuestros hijos pueden ser ídolos. Un ídolo es cualquier cosa que se interponga en nuestra relación con Dios o que llegue a ser más importante que él en nuestras vidas. Salmos 44:20-21 dice: "Si hubiéramos olvidado el nombre de nuestro Dios o extendido nuestras manos a un dios extraño, ¿acaso Dios no lo habría descubierto, ya que él conoce los más íntimos secretos?".

Medita en las actividades y pasatiempos en los que participa tu familia. ¿Qué importancia tienen para ti los logros? ¿En qué encaja Dios en el tiempo que dedicas a llevar de un lado a otro a tus hijos? Sé sincera contigo misma al evaluar tu implicación con tus hijos. ¿Necesitas que tengan éxito para sentirte mejor madre? ¿Está tu identidad asociada al éxito de ellos? Dios conoce los secretos de nuestros corazones, incluso los que no podemos admitir ante nosotras mismas. Como nuestro Creador, él nos conoce íntimamente. Él puede ayudarnos a escudriñar nuestros corazones y determinar los cambios que debemos hacer en nuestras vidas. Él puede hacer brillar una luz en nuestros corazones incluso en sus lugares más oscuros, y abrir nuestros ojos ante lo que desea para nosotros. Dedica algún tiempo a orar sobre tus prioridades y pídele a Dios que te revele cualquier ídolo en tu vida del que no seas consciente.

Es muy reconfortante recurrir al Señor. Como nos dicen los versículos que has leído, pon tu confianza en él y serás bendecida (Salmos 40:4). "Señor de los Ejércitos, idichosos los que en ti confían" (Salmo 84:12). ¿Quieres recibir las bendiciones de Dios? ¿Quieres que tus hijos reciban las bendiciones de Dios? Entonces deposita tu confianza en él. Eclesiastés 1:14 dice que la búsqueda del hombre en cuanto a las cosas de este mundo "es vanidad, ies correr tras el viento!". ¿Pones tu confianza en las cosas de este mundo o en el Dios de este mundo? El ajetreo, la persecución de logros y llenar nuestros días con ídolos creados por el hombre nos dejará sin aliento y vacías. Debemos llenar nuestros días con una rica relación con Dios para sentirnos realizadas.

¿Cómo puedes depositar tu confianza en él? Confiando toda tu vida y sus cosas a la oración. Buscando su voluntad para tu vida y la de tus hijos. Eliminando todo lo que se interponga en tu camino para acercarte a él. Llevando una vida de obediencia radical y teniendo un "corazón que siempre le diga sí" a Dios. Cuando empieces a poner en práctica estos elementos en tu cotidianidad, descubrirás que "las cosas de la tierra se volverán extrañamente tenues", como dice el viejo himno. Cuando eso ocurra, nada será tan importante para ti que perseguirlo a él.

15

¿Hace Victoria's Secret pijamas de franela?

El amor no consiste en mirarse el uno al otro,
sino en mirar juntos en la misma dirección.
ANTOINE DE SAINT-EXUPERY

■ ■ ■ ■

Cuando limpiaba mi oficina, la semana pasada, me encontré un sobre con corazones rojos en el exterior y un cheque en su interior. ¡Me emocionó mucho haber encontrado esa sorpresa inesperada! Lo abrí con impaciencia y descubrí que era un cheque de regalo de Victoria's Secret. *Ah, ella,* pensé, un poco decepcionada. No es que no me guste la tierna Victoria ni su secreto. Es solo que ella me recuerda mucho que mi cuerpo —ya no muy joven— deja mucho que desear. La idea de ponerme algo rugoso, demasiado revelador y muy ajustado simplemente no me da la motivación que necesito para hacer un viaje especialmente concreto al centro comercial.

Supongo que al principio, cuando lo recibí, lo archivé con la buena intención de utilizarlo cuando mis papilas gustativas murieran, mi cuerpo se encogiera y los músculos aparecieran de repente en todos los lugares adecuados. ¿Cuándo recibí ese pequeño tesoro? Al verlo más de cerca y con más atención, ¡me torcí de la risa al darme cuenta de que el certificado tenía más de diez años! Aunque me causó mucha gracia y me dieron ganas de reír, pensé en dos cosas que busco cuando voy a una tienda a comprar ropa: calidez y comodidad. ¿Hace Victoria pijamas de franela, cómodas?

Ya sea por los cambios en nuestro cuerpo, la falta de sueño, las limitaciones de tiempo, las presiones financieras o un sinfín de cosas más, el matrimonio cambia después de que los hijos llegan. Pero no tiene por qué ser un cambio para peor. Debemos seguir haciendo de nuestro matrimonio una prioridad y ver cómo se fortalece durante los años en los que tratamos con los niños. Al fin y al cabo, uno de los mayores regalos que los padres pueden hacer a sus hijos es la seguridad de una sólida relación de amor entre mamá y papá.

Al darme cuenta de este gran don, quise ver cómo dice la Biblia que debe ser el amor en un matrimonio utilizando como guía 1 Corintios 13:4-8. Este pasaje de las Escrituras expone con claridad el diseño de Dios para el amor y el legado que puede construirse cuando estas características definen al matrimonio:

El amor es paciente, es bondadoso. El amor no es envidioso ni presumido ni orgulloso. No se comporta con rudeza, no es egoísta, no se enoja fácilmente, no guarda rencor. El amor no se deleita en la maldad, sino que se regocija con la verdad. Todo lo disculpa, todo lo cree, todo lo espera, todo lo soporta. El amor jamás se extingue.

Cuando leo estos versículos, siempre siento que me desafían. Si soy realmente sincera conmigo misma, esto no siempre describe el amor que una siente por su esposo. Lo que me recuerdan es que este tipo de amor no solo sucede en el acto nupcial, cuando prometes: "Sí, acepto". No se trata de un tipo de amor pasivo y descriptivo que se hereda el día de la boda. Se trata de un amor activo, dinámico. Esto tiene que ver con la decisión de que mi amor se caracterice por esas cualidades y me determine a hacer todo lo que haya que hacer para que sea una realidad en mi relación.

El papá de mis hijos y yo decidimos hacer una evaluación franca de nuestro matrimonio utilizando esta definición de amor. Después tuvimos una charla sincera sobre cuáles eran nuestros puntos fuertes y cuáles los débiles. Tras identificar los puntos en los que necesitábamos trabajar, escribimos algunos versículos de las Escrituras para orar por los puntos débiles del otro. Esto es lo que escribimos:

▪ ▪ ▪ ▪ 1 Corintios 13:4-8 Evaluación ▪ ▪ ▪ ▪

¿Soy paciente con mi cónyuge? (Soy flexible y comprensiva.) Efesios 4:2-3

¿Soy amable con mi cónyuge? (Soy amable en pensamiento, palabras y acciones en cuanto a mi cónyuge) Efesios 4:31-32.

¿Soy solidaria (no envidiosa) con mi cónyuge? (No llevo la cuenta cuando creo que hago más) Santiago 3:16-18.

¿Animo a (no me jacto con) mi cónyuge? (No presumo de mis logros mientras le resto importancia a los de mi cónyuge) Hebreos 3:13.

¿Soy humilde (no orgullosa) con mi cónyuge? (No creo que mis planes sean más importantes que los de mi cónyuge) 1 Pedro 5:6.

¿Soy cortés (no grosera) con mi cónyuge? (Edifico a mi cónyuge con mis palabras dichas en privado y en público) Efesios 4:29.

¿Soy desinteresada (no egoísta) con mi cónyuge? (Me centro en las necesidades y deseos de mi cónyuge y los equilibro con los míos) Filipenses 2:3-4.

¿Soy dueña de mí misma (no me enfado fácilmente) con mi cónyuge? (No soy irritable ni de temperamento voluble) Proverbios 15:1.

¿Soy capaz de perdonar y olvidar (sin dejar constancia de los errores) los defectos de mi cónyuge? (No utilizo los defectos pasados de mi cónyuge como munición en los desacuerdos de hoy ni permito que esas cosas empañen nuestra comunicación actual) Colosenses 3:12-14.

¿Me deleito en ser fiel a Dios (no me deleito en el mal)? (Procuro llevar una vida pura y opto por no coquetear con el pecado) Efesios 4:1.

¿Me regocijo con la verdad? (Persigo activamente la verdad de Dios por encima de las mentiras de Satanás) Juan 8:31-32.

¿Busco proteger a mi cónyuge? (Relleno las grietas donde mi cónyuge se siente débil y vulnerable) 1 Tesalonicenses 5:11.

¿Confío en mi cónyuge? (Le doy el beneficio de la duda) 1 Pedro 3:8.

¿Mantengo viva la esperanza en mi matrimonio? (Confío a Dios "nuestro" futuro, no "mi" futuro) Jeremías 29:11.

¿Persevero en mi matrimonio? (Busco soluciones a los problemas en vez de buscar una salida) Mateo 5:33.

¿Estoy comprometida con la permanencia de nuestro matrimonio? Malaquías 2:16.

En el ajetreo que implica lidiar con todos los detalles de una vida llena de gente pequeña, el romance y el amor a veces pueden pasar a un segundo plano. No solo tenemos que ser deliberadas con nuestro amor activo, sino también con mantener nuestro amor fresco, emocionante y divertido. No puedes comparar tus circunstancias y tu relación con las de los demás; eso solo servirá para agotarte y desanimarte. Mantente centrada en hacer de tu matrimonio lo mejor que pueda ser. Es lo que pongas en tu matrimonio lo que podrás sacar de él. La hierba no es más verde en el otro lado; lo es donde tú la riegas y la abonas.

Riega y abona el amor en tu matrimonio haciendo las siguientes inversiones prioritarias:

- Haz la evaluación de 1 Corintios 13:4-8.
- Hagan sus citas nocturnas programadas con regularidad.
- Compartan sus peticiones de oración mutuamente.
- Oren juntos por su familia.
- Establezcan algunos objetivos para su relación.
- Acostúmbrense a escribirse notas de amor.
- Asistan juntos a una conferencia matrimonial o lean un libro sobre el matrimonio.
- Decidan irse de vacaciones a un lugar de ensueño para los dos y empiecen a ahorrar dinero para hacerlas realidad.

- Conviértanse, cada uno, en estudiante de su cónyuge y lleven un diario de lo que aprendan sobre él.
- Añadan a esta lista cosas específicas que sean especiales en la relación.

Quizá mi pequeño cheque de regalo escondido era una señal de que necesito hacer algunos ajustes e inversiones. Creo que iré al centro comercial. Y no, no iré en busca de franelas.

▪▪▪▪ Refresca mi alma ▪▪▪▪

Lee Salmos 37:23-24.

No te equivoques, Satanás no quiere que tu matrimonio triunfe. Quiere que fracase. Quiere que tu matrimonio sea una estadística más. Quiere evitar que los dos se traten con bondad y con amor. Quiere interponerse entre ustedes al costo que sea. ¿Por qué? Porque sabe que si puede destrozar la familia, perturbará al reino de Dios. La familia fue el bloque de construcción que Dios empleó para poner a funcionar bien a toda la humanidad. Por eso comenzó con un hombre y una mujer. Los colocó juntos en su paraíso para cumplir sus propósitos.

Todos los matrimonios se enfrentan a problemas en algún momento. Lo más probable es que el tuyo ya haya afrontado sus propios conflictos, los esté afrontando o los afronte en un futuro no muy lejano. Así que tienes que estar lista. Puede que hayas leído este capítulo con una profunda tristeza en tu corazón. Puede que estés pensando: *"Mi matrimonio está demasiado lejos para eso".* Por favor, ¡no te rindas! Acude al Dios de la esperanza con el futuro de tu matrimonio (Romanos 15:13).

Recuerda que no estás librando la batalla por tu matrimonio tú sola. Dios quiere que tengas éxito. Él quiere darte la victoria. Solo necesitas unirte a él. A continuación tenemos algunos versículos que han de inspirarte:

El Señor luchará por ti; tú solo tienes que estar quieta (ver Éxodo 14:14).

Todos los que están aquí reconocerán que el Señor salva sin necesidad de espada ni de lanza. La batalla es del Señor (1 Samuel 17:47).

¡Cobren ánimo y ármense de valor! No se asusten ni se acobarden ante el rey de Asiria y su numeroso ejército, porque nosotros contamos con alguien que es más poderoso. Él se apoya en la fuerza humana, mientras que nosotros contamos con el Señor nuestro Dios, quien nos brinda su ayuda y pelea nuestras batallas (2 Crónicas 32:7-8).

Habrá momentos en los que tendrás ganas de rendirte. No querrás trabajar en tu matrimonio y desesperarás por llegar alguna vez a un lugar de confianza. Cuando eso ocurra, deja que estos versículos te animen a trabajar en tu matrimonio y a mantenerte firme en tus convicciones:

Mis queridos hermanos [hermanas], manténganse firmes e inconmovibles, progresando siempre en la obra del Señor, conscientes de que su trabajo en el Señor no es en vano (1 Corintios 15:58).

Hagan lo que hagan, trabajen de buena gana, como para el Señor y no como para nadie en este mundo (Colosenses 3:23).

Dios te ama. Ama a tu marido. Los unió a los dos para un momento como este. Puedes optar por seguir adelante con la ayuda de Dios o rendirte y darle la victoria a Satanás. Mi oración es que elijas seguir adelante y algún día tengas un testimonio asombroso de la fidelidad de Dios. Él puede obrar un milagro en tu matrimonio.

Mientras tanto, quiero retarte a que ores por tu unión matrimonial. Ora para que seas capaz de ver a tu esposo como Dios lo ve. Ora para que él sea capaz de hacer lo mismo por ti. Oren para que ambos sean capaces de ver más allá de ustedes mismos. Ora para que seas capaz de someterte humildemente a la voluntad de Dios con tu matrimonio. Escribe hoy una oración por tu matrimonio. Utiliza cualquier Escritura que Dios ponga en tu corazón. Comprométanse los dos a orar diariamente por su matrimonio, ¡y esperen expectantes las bendiciones de Dios cuando lo hagan!

Este niño es suyo primero

16

¿Qué pasa si mi hijo no está en el cuadro de honor?

La única medida de lo que crees es lo que haces.
Si quieres saber en qué creen las personas,
no leas lo que escriben ni preguntes en qué creen,
solo observa lo que hacen.
ASHLEY MONTAGU

■ ■ ■ ■

A veces soy culpable de seguir las reglas tanto que no puedo pensar sin enmarcar lo que pienso en ellas. Por ejemplo, hace poco estaba preparando una comida mientras hablaba por teléfono con una amiga. Jadeé al darme cuenta de que no había dejado tiempo suficiente para cocinar una cazuela antes de que llegara la gente. Mi amiga me dijo que subiera la temperatura del horno para que la comida se cocinara más rápido. Nunca se me había ocurrido esa opción. ¿No es infringir alguna regla rígida cocinar un plato a una temperatura diferente de la que se especifica en la receta? Quizá para algunas cosas, pero mi guiso sencillo salió bien.

Esta pequeña y tonta experiencia me abrió los ojos al hecho de que a veces miro las cosas desde una perspectiva demasiado estrecha. Puedo quedarme tan atrapada en las reglas que me pierdo la visión en conjunto. Fui culpable de no ver el bosque por los árboles, como dice el viejo refrán. Oré y le pedí a Dios que llamara mi atención la próxima vez que viera algo de forma demasiado estricta.

Pues bien, ¡él llamó mi atención! Unos días después les asigné dos tareas a mis hijos —a los que educo en casa con el sistema de autoenseñanza aprobado por el gobierno— relativas a su lección de lenguaje y literatura. Primero, debían escribir un ensayo de una página acerca de un lugar que quisieran visitar y lo que querían hacer una vez allí. En segundo lugar, debían memorizar una selección escrita que yo había escogido de un libro. Cuando me entregaron sus trabajos, me intrigaron los lugares que querían visitar. Uno quería ir a Miami a ver a algunos jugadores de baloncesto famosos. Otro quería ir a Hawái. Otra quería ir a una ciudad que se imaginó llamada "la tierra de los caramelos" con su mejor amiga. Cuando Ashley, mi hija de nueve años, entregó su trabajo, me frustré al instante porque el nombre de la ciudad estaba mal escrito. Leí el resto y encontré muchos más errores gramaticales y palabras mal escritas.

Pensé: *No le da suficiente importancia a esta tarea como para hacer su mejor trabajo. Realmente ¿tiene problemas con la ortografía y la gramática o se trata de una cuestión del corazón? ¿Qué dice esto de su ética de trabajo? ¿Qué dice esto sobre su carácter? ¿Qué dice esto acerca de su futuro formativo?*

La envié a su habitación con instrucciones de que volviera a escribir el trabajo y que esta vez lo hiciera lo mejor posible. Me apresuré a volver a mi lista de tareas del día y no volví a pensar en el trabajo escrito. O sea, hasta que vi su trabajo original en el mostrador y lo leí una vez más. He aquí un extracto escrito tal y como estaba en aquel papel:

Monrwia (Monrovia)

Quiero ir a África y ver a los peñecos (pequeños) en el orfenete (orfanato). Y llevarles cozaz (cosas) como repa (ropa), juguetes, sapetos (zapatos), sebanes (sábanas) y otres (otras) cosas maz). Quiero recoger a los peñecos (pequeños) y abrazarlos. Quizá algún día pueda ser ayudante de orfenete (orfanato) y hacer de ese un buen lugar.

Por cierto, hablando de no ver el bosque por fijarme en los árboles. Si hubiera estado realmente atenta a lo que hizo, podría haber celebrado lo bello del corazón de Ashley. Sin embargo, estaba viendo lo aparente y captando cada error con el que me topaba.

Es fácil asumir la actitud de mirar por encima, pero no ver realmente lo que hacen nuestros hijos. Nuestros numerosos afanes dejan poco tiempo libre para ir más allá de las cuestiones superficiales. ¿Se han cepillado los dientes? ¿Cuántas raciones de verdura han comido hoy? ¿Arreglaron su cama? ¿Han puesto los puntos sobre las *íes* y han utilizado la gramática adecuada? ¿Han marcado un gol? ¿Cuántas calificaciones sobresalientes tienen en su último boletín de notas?

Sí, algunas de esas cosas son importantes pero, a la luz de la eternidad, lo que realmente cuenta es cómo está el corazón de ellos. Permíteme animarte a que aprendas de mi error. Capta hoy un momento en el que veas en verdad a otra persona. Mira más allá de sus errores superficiales para ver su corazón. Tal vez sea tu hijo. Tal vez sea un cónyuge, un vecino o un amigo.

¿Sobre la segunda tarea que había asignado ese día, la selección de memorización? Bueno, ¡creo que yo también haría bien en memorizarla!

El verdadero valor está en ser, no en parecer;
en hacer cada día que pasa
algo de bien, no en soñar
grandes cosas por hacer de aquí a un tiempo.
Porque, sea lo que sea que digan los hombres con esta ceguera,
a pesar de las fantasías de la juventud,
no hay nada tan real como la bondad,
y nada tan auténtico como la verdad.

ALICE CARY

▪▪▪▪ Refresca mi alma ▪▪▪▪

Lee Salmos 18:31-36.

¿Te has esforzado por alcanzar la perfección y has errado el tiro? ¿Te ha llevado tu búsqueda de la perfección a la decepción? ¿Has antepuesto la perfección a las relaciones? ¿Cómo puedes evitar que eso te ocurra?

Claro que a todas nos encantaría ser perfectas. Nos gustaría tener unos hijos perfectos, mantener una casa perfectamente limpia y cocinar cenas perfectamente deliciosas. Si pudiéramos alcanzar la perfección, ya no tendríamos más preocupaciones, ¿verdad?

La verdad es que eso no ocurrirá a este lado del cielo. Cuando Adán y Eva pecaron, la perfección abandonó el paraíso y entró el pecado. Satanás comenzó su gobierno como príncipe de esta tierra. Se convirtió en el enemigo número uno para los que llamamos a Jesús Señor de todo.

La perfección, por tanto, no es posible aquí en la tierra. Pero la perseguimos porque nos da algo por lo cual luchar.

Como un perro que se persigue la cola, nos da un propósito, por equivocado que esté. ¿Por qué quería que las tareas de mis hijos fueran perfectas? La verdad es que porque sabía que se reflejaría bien en mí como su profesora. Me importaban poco los sentimientos de los que se hacían eco los trabajos, los pedazos de sus corazones que me dejaban entrever... hasta que Dios llamó mi atención.

¿Tiene él hoy tu atención?

Dedica el día de hoy a centrarte en el corazón de tus hijos. Solo por hoy, no te enfoques en cómo son, cómo actúan o cómo hablan. No dejes que Satanás te tiente a desviar tu atención hacia cosas superficiales. Escarba más allá de todas las cosas del exterior, de todas las cosas que piden a gritos tu atención. Cava en lo profundo. Escucha. Haz preguntas. Ora con ellos y escucha el eco de sus almas en sus oraciones. Deja a un lado el ajetreo y siéntate.

Serénate (Salmos 46:10).

Espera (Salmos 130:5).

Descansa (Salmos 62:1).

Cuando hagas estas cosas, descubrirás que la perfección se vuelve mucho menos importante. Tus prioridades se pondrán en su sitio porque habrás conectado con tus hijos. Puede que incluso veas que algunas de las cosas que te preocupaban parecen arreglarse solas. Tu hijo inseguro podría mostrar una valentía que ignorabas que llevaba dentro. Tu hijo enfadado y huraño podría dejar de arremeter contra los demás. Tus hijos se sentirán más seguros cuando sepan que te preocupas por ellos y quieres conocerlos a nivel del corazón.

Deja de perseguir la perfección y permite que Dios haga perfecto tu camino, como dice el salmo (18:32). Su definición de perfecto probablemente no se parecerá a la tuya. A Dios le interesa tu corazón y el de sus hijos. Él comprende que nunca podrás ser perfecta y te ama de todos modos. Dedica hoy algún tiempo a darle las gracias por esa verdad.

17

¿Por qué siento que la culpa de que mi hijo se equivoque es mía?

Mi madre nunca se rindió conmigo.
Me portaba tan mal en la escuela que me enviaban a
casa, pero mi madre volvía a enviarme enseguida.
DENZEL WASHINGTON

■ ■ ■ ■

¿Has luchado alguna vez contra el hecho de dejar que una circunstancia que se cruzó en tu camino te defina de repente? Esta parece ser una lección que Dios me hace vivir una y otra vez. Él quiere ser mi única definición de lo que soy. Soy hija de Dios, santa y muy amada. Eso lo sé. Lo enseño. Lo creo en lo más profundo de mi alma. Sin embargo, me resulta muy fácil caer en una redefinición de mí misma cuando surgen ciertas situaciones.

Hace poco, una de mis preciosas —pero tan aptas para pecar como el resto de nosotros— hijas fue llamada a la oficina del director de la escuela el mismo día que recibí una invitación para hablar en una conferencia nacional sobre paternidad; perfecto, muchas gracias. Eso no pudo ser más oportuno.

Con la mente pude ver la situación tal y como era. Mi hija está en proceso de formación. Ella es fuerte y, aunque eso le servirá más adelante en la vida, la fuerza en una personita inmadura clama por ser disciplinada. Es una chica dulce que tomó una decisión no muy dulce. Todo eso forma parte de su crecimiento.

Podía ver todo aquello con la mente.

Sin embargo, con el corazón me sentía fracasada. Quería declinar la oportunidad de hablar en esa conferencia e ir a arrastrarme a un agujero en alguna parte. A uno repleto de patatas fritas y salsa, dulces de chocolate y Pepsi colas de dieta heladas. O Coca-Colas dietéticas. No discrimino con mis refrescos.

Una parte de mí sintió como si me hubieran llamado al despacho del director cuando la voz de la condena empezó a perseguirme: "Eres una mala madre. Tienes unos hijos malos. Tienes un hogar malo".

Así que, en silencio, me escabullí con Jesús. E hice lo que he hecho cientos de veces antes. Elevé esas condenas ante el Señor y le pedí que me ayudara a ver la situación como él quiere que la vea. No de la forma en que otros la ven, no de la manera en que mi corazón está tentado a verla, sino del modo en que él la ve.

Mateo 7:24-27 dice:

> Por tanto, todo el que me oye estas palabras y las pone en práctica es como un hombre prudente que construyó su casa sobre la roca. Cayeron las lluvias, crecieron los ríos, soplaron los vientos y azotaron aquella casa; con todo, la casa no se derrumbó porque estaba cimentada sobre la roca. Pero todo el que oye mis palabras y no las pone en práctica es como un hombre insensato que construyó su casa sobre la arena. Cayeron las lluvias, crecieron los ríos, soplaron los vientos y azotaron aquella casa. Esta se derrumbó y grande fue su ruina.

¿Sabes lo que me sorprende de esos versículos? Tanto la persona que hacía el bien como la que hacía el mal vivieron tiempos difíciles. En ambos casos las lluvias llegaron, los arroyos crecieron y el viento sopló y golpeó contra las casas.

El hecho de que seamos padres que viven bajo los principios divinos no significa que no vayamos a enfrentarnos a circunstancias difíciles. La diferencia que marca ser un padre cristiano es cómo nos afectan las dificultades. Si estamos escuchando y obedeciendo a Dios a través de nuestro tiempo de oración y la lectura de su Palabra, entonces seremos capaces de mantenernos fuertes en las tormentas de la vida. Nuestra fe no se tambaleará y nuestra identidad no sucumbirá.

Una vez oí a mi pastor lamentarse de que, a menudo, se juzga por lo último que predicó. Puedo identificarme mucho con su comentario, porque —como amiga y madre— a veces me siento igual que lo que hablé con alguien cercano a mí. Una amiga me dice que he herido sus sentimientos y, de repente, me siento como la peor amiga del mundo. Olvido llevar las galletas que ofrecí para la guardería de la iglesia y, de repente, me siento poco fiable y desorganizada. Llaman a mi hijo al despacho del director por un percance en la escuela primaria y me siento un absoluto fracaso como madre.

Sin embargo, el Espíritu de Dios habló a mi corazón y me dijo: "Déjame controlar tu lógica reacción carnal. En vez de dejar que tu mente se desboque con esto, siéntate conmigo un rato. *Quédate quieta y sé consciente de que yo soy Dios*" (Salmos 46:10).

Así que me senté y oré. Pasé de definirme como una madre fracasada a ser una madre que ora y que puede afrontar una dificultad de forma piadosa. La frustración se disipó cuando decidí mirar eso desde la perspectiva de Dios.

Una vez más, Dios me tranquilizó. No soy una mala madre. Mi hijo no es un mal niño. Mi hogar no es un mal hogar.

Esta situación es una llamada a la acción. Hay un problema de carácter que debe abordarse en el corazón de mi hijo. Y se supone que los niños tienen problemas de carácter que necesitan ser abordados. Para eso Dios les dio padres. Por eso Dios me dio a este hijo en concreto. Dios ve dentro de mí la capacidad de ser la persona que él ideó perfectamente para criar a esta personita fuerte.

Cuando llegan tiempos difíciles y golpean nuestra estabilidad, debemos estar decididas a escuchar las palabras de Dios y ponerlas en práctica. Entonces nada podrá derribar nuestra paz, nuestra seguridad ni nuestra verdadera identidad.

No estoy segura de quién más necesitaba oír eso, pero sé que yo ciertamente sí. Así que sécate las lágrimas, tierna mamá. Hoy es un nuevo día. Uno en el que solo nos definirá la verdad y la gracia de Dios mientras navegamos por esta maravillosa aventura llamada paternidad.

■■■■ Refresca mi alma ■■■■

Lee y ora Salmos 25:5 y Salmos 26:3.

¿Alguna vez has luchado por dejar que una circunstancia que se te ha presentado te defina? Si eso ocurre, mientras te aferras a algún sentido de estabilidad o verdad, intenta recordar estos versículos y no olvides que Dios nunca te abandonará.

Escribe algo por lo que te hayas estado castigando mentalmente hace poco. Consigue tres versículos que traten este asunto y comprométete a orar estas Escrituras adaptándolas a tu situación. Mantente firme en la sólida verdad de Dios de que eres una mujer piadosa que enfrentará esta circunstancia de una manera compasiva.

El hecho de que seamos padres que viven bajo principios divinos no significa que no vayamos a enfrentarnos a circunstancias difíciles. La diferencia que marca ser un padre cristiano es cómo nos afectan las dificultades. Si estamos escuchando y obedeciendo a Dios a través de nuestro tiempo de oración y la lectura de su Palabra, entonces seremos capaces de mantenernos fuertes en las tormentas de la vida. Nuestra fe no se tambaleará y nuestra identidad no sucumbirá. Anota tus pensamientos.

Dedica esta semana un tiempo deliberado a la oración para pedir sabiduría como figura paternal. Anota aquí una de tus oraciones.

Dedica tiempo a orar por tus hijos y por el desarrollo del carácter de ellos. Registra aquí una de tus oraciones.

¿Luchas alguna vez con sentimientos de fracaso? ¿Por qué no pides específicamente a Dios que te ayude a ver tu valor al margen de cómo te desempeñas?

Lee Salmos 32:10 y Salmos 37:3.

¿Cómo te animan estos versículos?

Repite esta oración:

Querido Señor, gracias porque mi identidad no tiene que ser determinada por las circunstancias de mi vida. Ayúdame a escuchar tus palabras, ponerlas en práctica y mantenerme firme en tu verdad. Hoy voy a tomar la decisión de ver lo bueno en cada situación con mi hijo. Reconozco mi dependencia de ti, Señor, y te pido tu guía como madre y como mujer que te busca. En el nombre de Jesús, amén.

18

¿Cómo puedo dar gracia ahora?

Son tres los pares de ojos que deben tener las madres...
Uno que ve a través de las puertas cerradas...
Otro en la parte posterior de la cabeza —la nuca—... y,
por supuesto, los del frente que pueden mirar
al hijo cuando mete la pata y reflejan:
"Lo entiendo y te quiero",
sin siquiera pronunciar una palabra.
ERMA BOMBECK

■ ■ ■ ■

Quería pellizcar a las dos chicas sentadas en la primera fila del servicio de Nochebuena. Pellizcarlas, sí. Pero estaban cinco filas por delante de mí y mi brazo no las alcanzaba.

Como no podía llamar su atención físicamente, preparé mi "mirada". Ya sabes, ¿esa que dice mil afirmaciones correctivas con solo una expresión cruzada y una ceja arqueada? Sí, esa.

En el momento en que una de ellas dirigiera una mirada en mi dirección, iban a saber exactamente lo que sentía por sus contoneos y su evidente falta de atención durante el servicio. También debo mencionar que esas dos chicas me pertenecían. Bueno, al menos una de ellas sí. La otra era una amiga de mi hija que, a veces, va a la iglesia con nosotros.

No creo que nadie más se fijara en ellas. No estaban molestando a los demás, pero no actuaban como yo quería. Las quería sentadas con la espalda recta, asimilando el mensaje y tomando notas en sus cuadernos.

De repente, un pequeño y molesto pensamiento empezó a rondar por los rincones de mi mente. "Quieres que tus hijos actúen perfectamente porque eso te hace quedar bien. Olvídate de eso. No necesitan estar sentados erguidos tomando notas furiosamente para escuchar el mensaje de Dios. Este es un hermoso momento para la gracia".

Ay.

No me gusta mucho cuando el Espíritu Santo me dice el tipo de verdad que duele. Tenía ganas de pellizcar a alguien. A dos personas. ¿Dar gracia? ¿Ahora? Eso no era lo que yo quería, pero era exactamente lo que necesitaba hacer en ese preciso momento. Pronto la amiga de mi hija se volteó y me vio. A pesar de lo que sentí, tomé la decisión de sonreír, guiñarle un ojo y hacerle un pequeño gesto con la mano.

Entonces, esta movediza y normalmente no muy cariñosa alumna de secundaria se levantó de su asiento. Caminó por el pasillo, cinco filas más atrás, y se dirigió hacia mí. Me rodeó con sus brazos y me dio un abrazo que predicó mil sermones allí mismo.

De hecho, la gracia era exactamente lo que se necesitaba en ese instante.

Y eso es lo que hace que lo de ser padres sea tan difícil. Realmente no hay respuestas de manual. Es como un acto de equilibrio momento tras momento entre amar, pastorear, disciplinar, extender la gracia, moldear, modelar, amar un poco más y —tal vez— tener que dar algunos pellizcos en el camino también.

La única forma en que puedo navegar por este acto de equilibrio es permanecer cerca de Dios. Realmente cerca. En lugar de ver a Dios como algo lejano, tengo que confiar en él como una hija desesperada que necesita a su papá. Observar a mis hijas cuando necesitan urgentemente a su papá me recuerda cómo es esto.

En un rincón de mi dormitorio, detrás de una silla demasiado mullida, hay un montón de mantas. Suaves. Acogedoras, cálidas y bien usadas. Mantas que hablan de seguridad, protección y un entorno tierno. La otra noche, mi hija menor tuvo una pesadilla y se dirigió somnolienta a mi cabecera. "Mami, tengo miedo", me dijo.

Por eso tengo esa pila de mantas. Un suave montón de pruebas de que todo va a ir bien. No porque las mantas en sí sean seguras; es el lugar donde están colocadas lo que reconforta el corazón de Brooke.

Están cerca de su padre.

Aunque él duerme usualmente como una roca, algo le despertó el corazón en cuanto acomodé a Brooke en aquella improvisada cama de mantas. Se levantó y fue a acurrucarse con su asustada niña. Papá está aquí. Papá está cerca.

Y el corazón de Brooke se reconfortó.

No porque papá subiera las escaleras y mirara debajo de la cama, detrás de la puerta y en el armario. No porque papá ahuyentara al objeto de sus miedos, incertidumbres y dudas. No porque hiciera nada en absoluto sobre la fuente de sus problemas.

Se sintió reconfortada simplemente porque su papá estaba cerca. Eso me recuerda unos versículos de Filipenses que me encantan. Filipenses 4:6 dice: "No se preocupen por nada; más bien, en toda ocasión, con oración y ruego, presenten sus peticiones a Dios y denle gracias".

Me gusta ese versículo pero, si no se cita en su contexto, queda despojado de su poder. Las cuatro últimas palabras de Filipenses 4:5 son la fuente de poder que desbloquea la paz de Dios que trasciende todo entendimiento.

Esas cuatro palabras son "El Señor está cerca".

Papá está cerca. Y al igual que Brooke saca esas suaves mantas y las coloca cerca de su papi para que la consuele, yo necesito sacar los tiernos recordatorios de la Palabra de Dios y colocarlos en mi mente. Recordar su verdad siempre revela la realidad de la cercanía de Dios.

Puesto que él está cerca, no tenemos que estar ansiosas. Podemos tener esa paz que se eleva y nos equipa como madres para cualquier circunstancia.

Papá está aquí. Papá está cerca.

Solo Dios puede prepararme con la sabiduría y el discernimiento necesarios para todos y cada uno de los momentos de la crianza. Así que debo permanecer cerca de él, pedirle, confiar en él, clamar a él y hacer de él el fundamento de la crianza de mis hijos.

Mi objetivo nunca debería ser criar hijos que me hagan quedar bien ante los demás. (Pero, ¡ah, cómo ansía eso mi carne!) Mi meta debería ser criar hijos que amen a Dios y pasen sus vidas dando a conocer su bondad en el rincón del mundo que ocupen.

Bendiciones para ti mientras también buscas con tanta delicadeza ese equilibrio entre pellizcos y gracia.

■■■■ **Refresca mi alma** ■■■■

Lee Salmos 103:8-13 y anota tus pensamientos aquí.

¿Qué fue lo que más te impresionó de este capítulo?

Solo Dios puede prepararnos con la sabiduría y el discernimiento necesarios para todos y cada uno de los momentos de la crianza. Pide sabiduría y revelación mientras diriges a tus hijos. Cuanto más pidas el espíritu de sabiduría y revelación, más se redirigirán tus acciones, momento a momento. Cuanto más se reorienten tus acciones, más te parecerás a Jesús. Cuanto más te parezcas a Jesús, más profundamente llegarás a comprender sus caminos y a conocerlo personalmente.

Busca los versículos siguientes y anota lo que tienen en común y cómo pueden inspirarte en esos momentos difíciles de la crianza de los hijos.

Mateo 6:13: "Y _____ nos dejes caer en _____, sino _____ líbranos del _____".

Proverbios 16:20: "El que _____ a ___ _____ _____. ¡Dichoso ____ _____ _____ en el Señor!".

Santiago 4:10: "_____ delante _____ _____ y él _____ _____".

Proverbios 15:1: "La _____ _____ calma _____ _____, pero la _____ _____ provoca el _____".

Jeremías 33:3: "_____ a mí y te _____; te daré ___ _____ _____ grandes e _____ que tú no _____".

La única forma en que puedo navegar con equilibrio es permanecer cerca de Dios. Realmente cerca. En vez de ver a Dios como algo lejano, tengo que confiar en él como una hija desesperada que necesita a su papá. ¿Por qué? ¿Te has distanciado de Dios en tiempos de necesidad? ¿Por qué? Escribe una oración a Dios pidiéndole su consuelo, su gracia y su amor.

Lee Sofonías 3:17.

Escribe este versículo en una ficha bibliográfica y recítalo las veces que lo necesites como recordatorio del amor de Dios por ti.

Y al igual que Brooke sacó esas suaves mantas y las colocó cerca de su papá para que la reconfortaran, yo necesito sacar los tiernos recordatorios de la Palabra de Dios y colocarlos en mi mente. ¿Qué otros versículos puedes anotar en una ficha bibliográfica para tenerlos cerca cuando los necesites? Recordar su verdad siempre revela la realidad de la cercanía de Dios.

19

¿Qué es lo que más recordarán mis hijos?

*Que nunca vuelva a ocurrir es lo que
hace que la vida sea tan dulce.*
EMILY DICKINSON

■ ■ ■ ■

A menudo pienso en cuando sea una mujer mayor y reflexiono en esa época de mi vida. Sé que esto ocurrirá porque ya me sorprendo a mí misma reflexionando en el pasado. Los pensamientos del ayer cayendo en el hoy se combinan con suspiros y sonrisas. Qué rápido pasan los años y, casi sin avisar, entramos en nuevas fases y etapas. Qué inconscientes vivimos. No recuerdo el día que marcó el último cambio de pañal, el último biberón que preparé, la última vez que besaría la mejilla regordeta de mi bebé y la vería correr hacia mí con los brazos levantados balbuceando: "Sostenme, mami. Abrázame, mami". Sin embargo, hubo un día que dijo: "Esta es la última vez que hago esto que parece tan rutinario, pero que mañana será tan precioso e invaluable que no tendrá precio". Esos días de referencia vienen y van como todos suelen hacerlo.

Así que, en este momento, quiero pensar en lo que podría reflexionar entonces. Por ahora tengo la oportunidad de hacer cambios y ajustes para llevar una vida sin arrepentimientos ni deudas emocionales. Hace poco oí hablar de una madre que firma sus cartas y correos electrónicos con la siguiente leyenda: "Esforzándome por ser una anciana sin contriciones". Así es como quiero firmar las páginas de mi vida: que amé, reí y viví sin remordimientos.

No quiero ser la mujer mayor que se sienta en un parque a ver a otras personas vivir, amar, reír y pensar en todos los placeres sencillos que se perdió con sus hijos. ¿Por qué no me senté en el patio trasero a soplar burbujas con los muchachos? ¿Por qué no nos echamos en la hierba y les dimos nombres a las formas de las nubes que veíamos encima de nosotros? ¿Por qué no leímos un cuento de hadas y luego encontramos un sapo y lo besamos solo para ver qué pasaba? ¿Por qué no hablamos más tiempo, jugamos más y pasamos más tiempo soñando juntos? ¿Acaso perseguimos alguna vez el final de un arco iris?

Este punto me quedó muy claro mientras mis hijos y yo hacíamos ciertas actividades un día. Algunas veces aprecio las diligencias con los niños como oportunidades para tener grandes aprendizajes. Hacer un depósito de dinero en el banco, legalizar un documento ante un notario, buscar buenas ofertas en la tienda de segunda mano y cambiar el aceite del auto son habilidades que mis hijos necesitarán dominar en alguna ocasión. Otros días, para ser sincera, considero que tener a los niños con nosotras es una molestia. No hay nada peor que estar atrapada en el espacio reducido de un vehículo con malas actitudes y quejas por todos lados. Pero, incluso esos momentos, pueden ser estupendos para formar el carácter, siempre que mamá pueda mantener la calma.

Era un día lleno de actividades cuando una de mis hijas divisó un arco iris. Llamé rápidamente a mi amiga Marybeth para contarle nuestro descubrimiento y que sacara a sus hijos con la esperanza de que vieran el colorido espectáculo. Ella comentó: "Esto es lo bonito de la maternidad. Consigues experimentar y apreciar cosas de la infancia, como el arco iris, con tus hijos". Su pensamiento me impresionó de una forma profunda y maravillosa. Se convirtió en una fotografía mental —un instante detenido en el tiempo— de ese asombroso momento en que perseguía al fenómeno óptico. Enseguida pensé que eso iba a ser lo que me arrancará una sonrisa cuando esté arrugada y reflexionando sentada en cualquier parte.

El arco iris era asombroso. Sus colores rojo, anaranjado, amarillo, verde, azul, índigo y violeta se extendían por el cielo de forma grandiosa y gloriosa. Parecía que podría ser un elemento permanente y me recordó la historia de Noé y la promesa de Dios de no volver a inundar la tierra. Pero apenas pensé en los animales llegando al arca, de dos en dos, antes de que los colores empezaran a arremolinarse y desvanecerse. Casi tan rápido como irrumpió el arco iris en la escena de nuestro día ordinario, su extraordinaria belleza alcanzó su punto álgido y luego se disipó. Mientras conducíamos por el camino de entrada a la casa, vimos cómo desaparecía el último de los colores entre las nubes. Aunque me entristeció ver la forma en que acababa la exhibición de la obra de arte divina, me alegré de que mis hijos y yo nos hubiéramos tomado el tiempo para perseguir el final del arco iris.

Nuestros hijos son como ese arco. Irrumpen en la escena de nuestras vidas de tal manera que uno siente como si fueran a estar presentes para siempre. Sus coloridas personalidades y sus radiantes expresiones son brillantes recordatorios de las promesas y los milagros de Dios. Bailan a lo largo de su infancia, dejando impresiones duraderas en nuestros corazones, y luego llega el momento de irse. Los colores de la infancia se arremolinan, se mezclan, cambian y se desvanecen en las realidades de la edad adulta. Eso ocurrirá. Llegará un día en que la puerta de la infancia se abrirá por última vez y, esa noche, con la misma seguridad con la que la niña cierra los ojos para dormir, se cerrará la puerta. Cesarán todas las preguntas curiosas que hoy te enloquecen. Todas las huellas y las manchas desaparecerán. Todas las fantasías y los sueños infantiles se desvanecerán. Y su madre se despertará a la mañana siguiente para mirar al cielo y preguntarse adónde ha ido a parar el arco iris.

Dejar ir deliberadamente el estrés de ser madre y elegir disfrutar de la maternidad nos permite capturar esos momentos. Quiero convertir mi familia en una que viva mejor y más ricamente. Quiero conocer a mis hijos a un nivel más profundo de lo que permite el ajetreo de una vida estresada. Conocer a mis hijos a un nivel más profundo del alma es llegar a descubrir la alegría de la paternidad.

La verdadera alegría de la paternidad será ver a ese niño, que Dios ha confiado a mi cuidado, crecer hasta convertirse en un adulto sano y capaz. Mezclada con la tristeza de ver cerrarse las puertas de la infancia hay una gran sensación de logro.

Siempre pensé que un indicador de haber criado bien a un hijo era cuando este elegía ser médico o banquero. Pero a medida que he ido conociendo realmente a mis hijos y he orado por el estrés inherente a una miríada de oportunidades educativas, me he dado cuenta de que su potencial viene dado por Dios y, por lo tanto, debe ser dirigido por él y alimentado por los padres. En *El arte de ser padres sensibles*, Katharine C. Kersey escribió: "Los niños vienen al mundo sin saber quiénes son. Aprenden eso con los que los rodean".[1] Quiero que mi presencia en la vida de mis hijos nutra la confianza en el plan que Dios tiene con ellos, no solo en mis planes ni incluso en los de ellos mismos.

Dios tiene un propósito y un plan para cada niño. Jeremías 29:11 nos asegura que él tiene planes para prosperar y no para perjudicarnos. Entonces, ¿por qué nos preocupamos más por los puntos de referencia educativos y las puntuaciones de los exámenes que por la verdadera medida de las normas de Dios? En Deuteronomio 28 se nos habla de las bendiciones que vendrán por ser obedientes a Dios. "Si realmente escuchas al Señor tu Dios y cumples fielmente todos estos mandamientos que hoy te ordeno, el Señor tu Dios te pondrá por encima de todas las naciones de la tierra. Si obedeces al Señor tu Dios, todas estas bendiciones vendrán sobre ti y te acompañarán siempre: Bendito serás en la ciudad y bendito en el campo" (versículos 1-3). El versículo 12 continúa diciendo: "El Señor abrirá los cielos, su generoso tesoro, para derramar a su debido tiempo la lluvia sobre la tierra y para bendecir todo el trabajo de tus manos. Tú prestarás a muchas naciones, pero no tomarás prestado de nadie". Luego concluye esta poderosa sección afirmando: "Jamás te apartes, ni a la derecha ni a la izquierda, de ninguna de las palabras que hoy te ordeno, para seguir y servir a otros dioses" (versículo 14).

Resulta bastante aleccionador seguir leyendo el resto de este capítulo, donde Dios nos advierte de lo que ocurrirá si ignoramos sus decretos y caemos en la desobediencia. Deuteronomio 28:15-16 dice: "Pero debes saber que, si no obedeces al Señor tu Dios ni cumples fielmente todos sus mandamientos y estatutos que hoy te ordeno, vendrán sobre ti y te alcanzarán todas estas maldiciones: Maldito serás en la ciudad y maldito en el campo". El versículo 20 continúa: "El Señor enviará contra ti maldición, confusión y represión en toda la obra de tus manos, hasta que en un abrir y cerrar de ojos quedes arruinado y exterminado por tu mala conducta y por haberme abandonado".

Ahora, permíteme decir claramente que no soy legalista y me regocijo cada día en el don de la gracia de Dios. También reconozco que se trata de la teología del antiguo pacto y que vivimos bajo el nuevo pacto de Jesucristo. Sin embargo, está ahí. Dios no hizo desaparecer el Antiguo Testamento cuando Jesús resucitó de entre los muertos y se hizo un nuevo pacto. El tema de obedecer a Dios va desde el Génesis hasta el Apocalipsis, y es vital para el éxito de nuestros hijos en la vida. Un niño que tiene un corazón dispuesto a rendirse a Dios y a cumplir todas las citas divinas que se le dan es un triunfador. Ese debería ser nuestro punto de referencia. Ese debería ser nuestro estándar.

Sí, quiero que mis hijos tengan las mejores oportunidades a su disposición. Sí, quiero que aprendan en un entorno de descubrimiento y asombro. Sí, quiero que obtengan un título universitario si su elección profesional así lo exige. Pero, en el fondo, debemos sacar nuestras narices de los libros de texto y ahondar en *el Libro de la vida* para obtener la perspectiva de Dios acerca de la crianza y la educación del niño. Debemos preocuparnos más por su alma que por su cerebro. La inteligencia de un niño puede ayudarle a llegar lejos en la vida, pero el carácter que refleje su alma es lo que determinará si hace o no algo importante una vez que llegue a ese punto.

Persigue esos arco iris, amiga mía. Ten una vida sin arrepentimientos y, en el proceso, enseña a tus hijos a correr con fuerza tras Dios.

■ ■ ■ ■ **Refresca mi alma** ■ ■ ■ ■

Lee Salmos 39:4-6; 89:47-48; 144:3-4.

Nuestro tiempo en la tierra es verdaderamente fugaz. Los años pasan casi sin notarse y, a menudo, sacudimos la cabeza preguntándonos dónde ha ido a parar el tiempo. No tenemos más que un momento con nuestros preciosos hijos. ¿Cómo vas a pasar ese tiempo?

Es muy fácil empantanarse en el ajetreo de la vida o, como dijo Charles Hummel tan memorablemente, la tiranía de lo urgente. Nos precipitamos de una actividad a otra, de un percance a otro. Un fuego más que apagar, una marca más en nuestras listas de tareas pendientes. ¿Nos fijamos en la gente pequeña que pulula a nuestro alrededor? ¿Nos detenemos, nos ponemos a la altura de sus ojos y dejamos que el mundo y todas sus exigencias pasen a un segundo plano? Hoy, este día, sin duda pasará de largo, y mañana y pasado también. ¿Cómo estamos empleando nuestro precioso tiempo con nuestros hijos?

Lee Marcos 9:36-37; 10:13-16.

Jesús estaba ocupado. Era muy solicitado. Dondequiera que iba, una multitud lo seguía. Cada persona de esa multitud quería un pedazo de él. ¿Alguna vez te has sentido así? Cuando se acercaban los niños, los discípulos los espantaban. En la limitada comprensión de esos discípulos, pensaban que Jesús ¡seguramente no tenía tiempo para lidiar con niños pequeños! Pero Jesús los reprendió. Él sabía que los niños son importantes a los ojos de Dios. ¿Está Dios probando tu carácter y ampliando tu mundo a través de las tareas diarias que tienes como madre?

Lee Isaías 11:6; Mateo 11:25-26; 18:1-6; 1 Corintios 1:26-29.

¿Puedes pensar en algo que hayas aprendido a través de uno de tus hijos recientemente? Quizá sea lo preciosa que es la vida. Tal vez sea lo rápido que vuela el tiempo. Escribe sobre lo que tus hijos te están enseñando.

Dedica un tiempo en oración a evaluar tu relación con tus hijos. ¿Los conoces? ¿Conoces sus corazones? ¿Dispones de tiempo para dedicarlo simplemente a escucharlos? Si no es así, pídele a Dios que te ayude a sacar tiempo. Siempre digo que la palabra TIEMPO significa "Tomar la iniciativa para disfrutar experiencias significativas". ¿Cómo estás empleando tu tiempo?

Puede que hayas desarrollado malos hábitos en cuanto a desestimar o desatender a tus hijos. Puede que hayas sido víctima de la actitud del mundo de que los niños son un estorbo. ¿Puedo desafiarte hoy a que veas a tus hijos desde la perspectiva de Dios? ¡Te garantizo que serás bendecida cuando hagas eso!

"Que nuestros hijos, en su juventud, crezcan como plantas frondosas; y que sean nuestras hijas como columnas esculpidas para adornar un palacio... ¡Dichoso el pueblo que recibe todo esto! ¡Dichoso el pueblo cuyo Dios es el Señor!" (Salmos 144:12, 15).

20

¿Qué hago cuando la vida se me complica?

Siembra un pensamiento, cosecharás un acto;
siembra un acto, cosecharás un hábito;
siembra un hábito, cosecharás carácter;
siembra un carácter, cosecharás un destino.
AUTOR DESCONOCIDO

■ ■ ■ ■

Hay muchas cosas que me asombran de ser madre, sobre todo la capacidad de una madre para comprender lo que significa el llanto de su hijo. Solo el tono y el sonido dicen mucho del corazón de una madre. Un lloriqueo significa que estoy cansada. Un gemido significa que estoy frustrada. Un chillido significa que estoy emocionada. Un grito significa que estoy asustada. Un grito profundo significa que estoy herida. Un llanto sordo y quejumbroso significa que estoy enferma.

Así que cuando oí el gimoteo de mi hija menor, Brooke, supe que nos esperaba una larga noche. Un virus estomacal le había hecho vomitar toda la cama, la alfombra, los peluches e incluso la mesita de noche. Mientras consolaba a mi llorosa hija, hice inventario del desorden que había y empecé a sentirme completamente abrumada. Busqué la aspiradora del garaje. Tal vez podría aspirarlo todo, desechar la aspiradora y comprar una nueva al día siguiente. Admito que ese plan parecía un poco derrochador pero, en mi opinión, era completamente justificable. Aquello era un fastidio.

Apenas había conseguido que Brooke estuviera limpia y acostada en un jergón en mi habitación cuando volvió a sentirse mal. Esta vez necesitó un baño. En cuanto la limpié, volvió a sentirse mal. Así que decidí que era mejor que las dos nos quedáramos juntas en el baño. La sostuve en los brazos e intenté consolarla colocándole un paño húmedo en la frente y dándole tiernas caricias de consuelo en la espalda.

Con lágrimas en los ojos me miró y me dijo: "Mami, he orado para que Dios me haga dejar de vomitar, pero no responde mi oración".

"Ah, cariño", le contesté suavemente. "Dios quiere que todo el malestar salga de tu estómago para que tu cuerpo pueda sanar de nuevo. Él te ayudará a dejar de vomitar tan pronto como la molestia se haya ido. ¿Por qué no oramos juntas ahora mismo?".

Así que empezó a orar con su vocecita ronca. "Señor, gracias por este día tan maravilloso. Por favor, ayúdame a dejar de estar enferma. Pero sobre todo, gracias por este día tan maravilloso".

Me quedé atónita. Con lágrimas en los ojos pensé: *Quiero ser como ella cuando sea mayor.* En medio de los sinsabores de la vida quiero seguir siendo capaz de ver la bondad de Dios y darle las gracias por cada día maravilloso. Sin embargo, a menudo me dejo llevar por las olas emocionales de los altibajos de la vida y pierdo de vista la bondad de Dios.

¿Es realmente posible operar en la paz de Dios y descansar en su bondad, a pesar de las circunstancias que se nos presenten? Filipenses 4:4-7 (RVR1960) dice:

Regocijaos en el Señor siempre. Otra vez digo: ¡Regocijaos! Vuestra gentileza sea conocida de todos los hombres. El Señor está cerca. Por nada estéis afanosos, sino sean conocidas vuestras peticiones delante de Dios en toda oración y ruego, con acción de gracias. Y la paz de

Dios, que sobrepasa todo entendimiento, guardará vuestros corazones y vuestros pensamientos en Cristo Jesús.

Estos versículos esbozan los pasos para caminar en la paz de Dios. Y aunque los mencioné en el capítulo sobre la gracia unas páginas atrás, creo que merece la pena detallarlos un poco más. Desentrañar versículos como estos puede ser una forma muy esclarecedora de estudiar la Biblia.

Regocíjense

Regocijarse o alegrarse significa verbalizar tu placer. Dios se deleita en nuestro deleite, pero verbalizarlo en momentos de estrés suele ser exactamente lo contrario de lo que nos apetece hacer. Queremos verbalizar nuestras quejas, nuestra frustración y nuestra ansiedad, pero debemos preguntarnos qué bien produce esto en verdad. ¿Alguna vez se produce algo bueno cuando despotricamos de nuestras circunstancias? Para mí, despotricar y desvariar solo amontonan más frustración sobre la situación y me deja sintiéndome aún más agotada.

Sin embargo, si opto por regocijarme, no en mis circunstancias, sino en la capacidad del Señor para lidiar con lo que yo no puedo, invito a la paz de Dios a invadir ese momento. Cuando simplemente digo: "Señor, tú eres bueno aun cuando mis circunstancias no lo sean. Gracias por este día. Este es tu día. Ayúdame a caminar en él de manera que proclame tu presencia en mi ser". Hacer esta declaración da vida a la siguiente parte de Filipenses 4:5: "Vuestra gentileza sea conocida de todos los hombres".

Su gentileza

Cuando pensamos en la palabra "gentileza", evocamos la forma en que una mariposa se posa en el pétalo de una flor, en la manera en que una brisa tranquila pasa junto a nuestro rostro o en el modo en que una madre toca a un recién nacido. La gentileza en nuestra vida es la prueba de que el Espíritu de Dios se ha posado en nosotros, su aliento de vida nueva ha pasado a través de nosotros y la profundidad de nuestra alma ha sido tocada por él. Cuando somos gentiles o amables incluso si la vida es dura, demostramos que Dios es real. La gente se encuentra con la realidad de Dios en nosotros cuando nuestro espíritu refleja su carácter más que nuestras reacciones naturales.

Créeme, esta es una disciplina que he practicado bastante. No soy una persona gentil por naturaleza, pero cuanto más decido dejar que el Espíritu de Dios reine en mí, más gentil empiezo a sentirme y a expresarlo. No es que me ponga las pilas y haga que la amabilidad brote de mi ser. No, le pido a Dios que difumine mi respuesta emocional y me dé la suya. Puedo declarar con certeza que la siguiente parte de Filipenses 4:5 es real: "El Señor está cerca".

Debes saber que él está cerca

Tener un virus estomacal es lo más terrible que Brooke pudo imaginar que le sucedería. Ella no es consciente de muchas de las tensiones de la vida, pero estar muy enferma tiene sus inconvenientes. Me conmovió mucho su reacción porque lo primero que hizo fue invocar al Señor. Ella sabía que él sería capaz de ayudarla. Sabía que él estaría a su disposición. Sabía que su toque divino sería poderoso. Ella sabía que él estaría cerca.

¿Sabemos realmente que Dios está cerca? Para responderme a mí misma a esta pregunta, tengo que cuestionarme: "¿Cuál es mi primera reacción cuando me golpean los sinsabores de la vida? ¿Enfadarme o enfrentarme a Dios?". Cuando mis hijos tienen una necesidad, acuden a mí y me preguntan porque saben que tengo la capacidad de ayudarlos. Cuando acudo a Dios, no solo digo que creo que está cerca, sino que también afirmo que creo en su capacidad para ayudarme. Porque sé que él puede socorrerme en todas y cada una de las situaciones, no tengo que estar ansiosa por nada... por nada grande, por nada pequeño, por nada en absoluto.

Ora

"No se preocupen por nada; más bien, en toda ocasión, con oración y ruego, presenten sus peticiones a Dios y denle gracias. Y la paz de Dios, que sobrepasa todo entendimiento, cuidará sus corazones y sus pensamientos en Cristo Jesús" (Filipenses 4:6-7).

Estos versículos lo dicen todo. La oración es poderosa, pero la oración *con* acción de gracias es la clave. Cuando presentamos nuestras peticiones a Dios mediante oraciones agradecidas, la paz de Dios nos llenará y nos protegerá. Nuestro corazón contiene nuestras emociones y nuestra mente nuestros pensamientos. Si queremos que nuestras emociones y pensamientos queden bajo la autoridad de Dios, debemos aprovechar su paz. Eso nos resguardará de ser arrastrados, desanimados y abrumados. A Satanás le encanta arrastrar nuestros pensamientos y emociones en un mar de problemas, pero sus ardides se frustran en cuanto invocamos el poder del Señor.

Así como la madre conoce los llantos de su hijo, Dios también conoce nuestros llantos. Él sabe cuando estamos cansados, por lo que nos da descanso. Él sabe si estamos frustrados, por lo cual nos da alivio. Él sabe cuando estamos emocionados, por eso comparte nuestra alegría. Él sabe cuando estamos asustados, por lo que calma nuestro miedo. Él sabe cuando estamos enfermos, por lo que ha de darnos consuelo. Él es un Padre compasivo y nos trata con delicadeza.

Gracias, Dios, por este día tan maravilloso. Dios, ¿quieres librar mi corazón de las inmundicias de la duda, el desánimo y el estrés y ayudarme a llenarme de ti? Pero sobre todo, gracias por este día tan maravilloso.

■ ■ ■ ■   **Refresca mi alma**   ■ ■ ■ ■

Lee Salmos 139:23-24 y luego escríbelo a continuación:

David le expresó a Dios, antes del versículo 23, palabras extremas a los que estaban en contra de Dios. David fue sincero con él en cuanto a las cosas que le preocupaban. ¿Has sido franco con Dios respecto a las cosas que te preocupan? Escribe a continuación una cosa que te haya preocupado y sé sincero con Dios acerca de tus sentimientos.

Después de verbalizar sus sinceros sentimientos, David pidió a Dios que le revelara cualquier motivo erróneo que hubiera detrás de sus enérgicas declaraciones. Es importante comprender que no podemos cambiar a otras personas ni tampoco las circunstancias que se nos presentan, pero podemos pedirle a Dios que nos cambie. Pídele a Dios que te permita ver las cosas y a las personas desde su perspectiva... de modo que te lleve a la verdad. Es importante considerar la verdad sobre nosotros mismos. Dios quiere sacar lo desagradable de nuestros corazones cada día. Nombra una de esas cosas desagradables de las que necesites deshacerte hoy.

A veces tenemos miedo de acercarnos demasiado a la gente por temor a que descubran cosas de nosotros que no les gusten. Pero no tenemos que temer que Dios conozca nuestros pensamientos y sentimientos más profundos. Ya nos conoce y nos ama justo como somos. Lee Salmos 139:1-6. Escribe a continuación los versículos 5-6:

Lee Salmos 139:7-10. Dios nos ama ahí donde estamos, pero nos ama demasiado como para dejarnos en ese lugar. Quiere que crezcamos y desarrollemos nuestro carácter para que esté a la altura de nuestra vocación. Lee Santiago

1:2-4. Dios no quiere que encontremos alegría en las pruebas, sino que la hallemos en lo que las pruebas pueden desarrollar en nosotros.

¿Qué desarrolla la prueba de tu fe?

Cuando aprendemos a perseverar, ¿qué ganamos?

Estar completo y no carecer de nada implica estar completamente lleno. Cuando nos enfrentamos a pruebas que nos agotan, podemos consolarnos sabiendo que Dios nos refrescará y nos volverá a llenar. Dios usa las pruebas para ponernos cara a cara con los males de nuestro corazón que necesitan ser tratados, pero él no nos deja en ese arduo lugar. Si le permitimos trabajar en nuestro corazón, él llenará la grieta con su alegría.

Lee Salmos 139:13-16 y escribe las partes de esos versículos que sean más preciosas y significativas para ti.

Dios no te define por cualquier suciedad en tu corazón. Te define como un hijo maravillosamente atesorado que él hizo perfectamente. Lee Salmos 139:17-18 y anota tus pensamientos a continuación:

Gracias por el privilegio de ser madre

21

¿Cómo renuncio al club de las
madres con complejo de culpa?

La paz no es la ausencia de conflicto sino la presencia
de opciones creativas para responder al conflicto.
DOROTHY THOMPSON

■ ■ ■ ■

Mis nudillos se pusieron blancos mientras me aferraba al volante y parpadeaba para contener las lágrimas. Estaba más enfadada que una avispa conduciendo para dar la clase de escuela dominical de matrimonio y familia en mi iglesia. ¿Qué podía decir para animar a los demás cuando yo misma me sentía tan desanimada?

Art se había marchado antes que yo cuando se hizo evidente que no iba a estar lista a tiempo; conducir a la iglesia por separado me disgustó aún más. Pero practiqué mi mejor sonrisa falsa y construí cuidadosamente la máscara que llevaría para engañar a todos y hacerles creer que estaba bien. Llegué a la iglesia con quince minutos de retraso, respiré hondo, sonreí y entré en la clase que mi marido ya estaba impartiendo.

No había hecho más que sentarme cuando una de las miembros de nuestra clase se levantó de su asiento para venir a darme un abrazo y me susurró: "Nos alegramos mucho de que estés aquí. Él nos contó lo que pasó, bendita seas".

¿BENDITA SEA YO? ¿BENDITA QUÉ? Es algo que decimos los sureños para negar el hecho de que acabamos de hablar mal de alguien. Como: "¿Qué te ha pasado en el pelo?, bendita seas". O "Le encanta intentar cantar, bendita sea". No, por favor, no me bendigas sarcásticamente. Me hundí en mi silla. No podía creer que mi marido acabara de contar cómo había sido nuestra mañana. Mi máscara se hizo añicos. La verdad había salido a la luz. Ahora todo el mundo sabía que yo era una miembro estelar del Club de las madres con complejo de culpa.

La mañana había sido muy prometedora. Había pasado el fin de semana cambiando la ropa de verano de los niños con el objeto de prepararlos para el tiempo más fresco que se nos venía encima. Hice un inventario mental de quién necesitaba qué y fui a los estantes con ofertas de rebajas de varias tiendas para completar el vestuario de todos. ¡No es tarea fácil cuando se tienen cinco hijos! Pero quería que mis hijos lucieran ordenados, abrigados, limpios y algo como en conjunto. Al fin y al cabo, su aspecto es un reflejo directo del tipo de madre que tienen, ¿verdad?

Bueno, estaba en medio de ayudar a todo el mundo a decidir qué ponerse para ir a la iglesia esa mañana cuando empezaron las quejas. "¡Mi camisa es demasiado grande!". "Mis pantalones me aprietan demasiado". "Este suéter pica demasiado". "No me voy a poner estas mallas a rayas. No combinan nada". Ayer los niños estaban encantados con su ropa nueva. Todo les quedaba bien, les sentaba bien y les quedaba genial. Ahora nada funcionaba.

Pasé de sentirme la madre del año con unos niños bien vestidos a la madre derrotada y desanimada de un grupo de aspecto desaliñado. Los niños estaban frustrados, yo estaba enfadada y mi marido amenazaba con obligar a sus hijos a usar su desgastada ropa de verano durante el invierno. Y, además, llegó la hora de ir a la iglesia: ¡día de alegría! Art se fue a la iglesia con los niños, armado con una nueva petición de oración.

¿Cómo pudieron salir las cosas tan mal? ¿Por qué estaba tan alterada? ¿Por qué me preocupaba siquiera si mis hijos llevaban ropa que les abrigara y combinara? No hacía mucho frío y nadie en la iglesia iba a reparar en lo que vistieran ese día. Volvía a tropezarme con el complejo de culpa de las madres. Se trata de un extraño fenómeno que atormenta a muchas mamás, incluida yo.

Así que he decidido proclamar: "¡Se acabó el complejo de culpa de mamá!" y he pensado que quizá quieras acompañarme. Estas son algunas de nuestras nuevas reglas:

1. Ya no me engañaré pensando que mis hijos son muy buenos y que cualquier cosa mala que hagan es un reflejo de la mala crianza que les doy. No, los niños son malos desde que nacen, aunque parezca grotesco decir eso. Tienen la misma naturaleza pecaminosa que nos hace pecar a ti y a mí, por lo que necesitan un Salvador tanto como nosotros. ¿Cómo se explica si no que, a veces, unos padres estupendos tengan un hijo malísimo y unos padres malísimos tengan un hijo estupendo? Quiero decir, incluso Dios, el padre perfecto, tuvo a Adán y Eva, a los que debió enviar al lugar de castigo más serio de todos... ¡fuera del jardín! Por lo tanto, en vez de señalarme con el dedo cuando se porten mal o tomen malas decisiones, les señalaré a su Padre celestial. Evaluaré qué corrección necesitan los niños y se la administraré, pero no dejaré que las malas elecciones de ellos me definan como madre.

2. Tendré el valor de dejarlos vivir con las consecuencias de sus malas decisiones. Esto es difícil porque las madres hemos hecho una maestría en arreglar y proteger a los hijos, lo cual es necesario cuando son muy pequeños. Pero en algún momento tenemos que empezar a asignarles la responsabilidad a ellos. Queremos lo mejor para nuestros hijos y pensamos que todos nuestros esfuerzos adicionales para llenar sus grietas son algo bueno, pero

no es así. El próximo domingo anunciaré cuándo me voy a la iglesia y cuál es la temperatura para ese día. Cuando llegue la hora, nos iremos. Si no coinciden, dejaré que uno de sus compañeros les dé la noticia. Si tienen frío, mala suerte. Seguro que la semana que viene se acuerdan de la chaqueta. Pero no seguiré detrás de mis hijos el resto de sus vidas, recogiendo los pedazos de sus malas decisiones.

3. Voy a dejar de sentirme culpable por decirles a mis hijos que no. Ya les digo bastante, pero a menudo me siento culpable por hacerlo. Pues bien, ya no. "No" es una gran respuesta y una que oirán, el resto de sus vidas, que les dirán otras personas. ¿Por qué no van a acostumbrarse a oírlo de mí ahora? Mientras equilibre los noes con suficientes respuestas afirmativas para que sus corazones no se desanimen, oír que les digan "no" será bueno para ellos. A veces mis hijos tendrán que aceptar mi no sin una explicación. Otras veces, utilizaré mi no como una herramienta de enseñanza. Voy a armarme con un montón de buenas razones sólidas y versículos de las Escrituras para respaldar por qué digo que no. De cualquier manera, me gusta el sonido de esta palabra liberadora... no, no, no.

4. No me compararé con las madres aparentemente perfectas que conozco. Mira, la maternidad es dificultosa. El setenta por ciento de las madres admitirán que tienen problemas con este complicado papel, y estoy convencida de que el otro treinta por ciento simplemente no dice la verdad. Todas tenemos días buenos y días malos, momentos buenos y momentos malos, victorias y derrotas. Al igual que no hay niños perfectos, tampoco hay madres perfectas. Todas lo hacemos lo mejor que podemos. Todas necesitamos invocar a Dios a menudo para pedirle fuerza, valor, sabiduría, paciencia y gracia,

gracia, gracia. De modo que en vez de criticarnos unas a otras, las madres deberíamos unirnos, animarnos y ayudarnos.

Bueno, estas son solo algunas de mis nuevas reglas. Voy a continuar con esta lista y a matar a esa bestia llamada complejo de culpa de mamá. Si te topas conmigo en los pasillos de Walmart esta semana y mis hijos llevan bañadores en pleno invierno, choca los cinco mientras proclamamos juntas con orgullo: "¡Se acabó el complejo de culpa de mamá!".

▪ ▪ ▪ ▪ Refresca mi alma ▪ ▪ ▪ ▪

Lee Salmos 38:4.

¿Te ha abrumado la culpa en algún momento de tu vida? El complejo de culpa de las madres es único porque está muy a mano si decides participar en él. Hay tantas cosas por las que sentirse culpable. Esa enfermedad que pensaste que no era nada pero que, en realidad, era una infección de oído. Esa chaqueta que tu hijo necesitaba pero que olvidaste dársela. La lavada que no hiciste y por la que tus hijos no tienen calcetines limpios. Y eso solo incluye las pequeñas cosas cotidianas. No incluye las grandes: la pelea que tu hijo presenció entre tu marido y tú, las cosas feas que le dijiste enfadada, los agujeros abiertos en tu propio carácter que la maternidad ha sacado a la luz de forma innegable. ¿Cuánto tendrán que compartir en el diván del psiquiatra por su culpa?

¡Libérate, mi amiga! Libérate de esa abrumadora carga de culpa. Quiero dedicar algún tiempo a examinar las palabras "abrumar" y "carga" en la Biblia y ver lo que Dios tiene que decir sobre ellas.

En primer lugar, analicemos el término "agobio". Lee Salmos 40:12. Anota las frases clave que te llamen la atención en ese versículo. ¿Qué palabras describen lo que percibes al sentirte abrumada por la culpa?

David escribió estas palabras cuando se sentía abrumado por la culpa que le generó el pecado. Cuando sentimos culpa por un pecado, es porque el Espíritu Santo nos está convenciendo. Pero cuando sentimos culpa por algo que está fuera de nuestro control (por ejemplo, nuestros hijos) eso suele ser Satanás usando la culpa para paralizarnos. ¿Cómo debemos responder?

Lee Salmos 40:13-17 para conocer la respuesta de David. Anota las respuestas clave que veas en este pasaje.

Ahora veamos la palabra "carga". Lee Números 11:14. ¿Alguna vez te has sentido así como madre? Sé que yo sí. Moisés está clamando a Dios en este versículo por el alivio de su carga.

Lee Números 11:16-17. Dios respondió dándole a Moisés otras personas para que compartieran la carga.

Jesús comprendía las cargas que llevamos. Lee Lucas 11:46. ¿Dejas que la influencia de los demás te haga sentir culpable?

Piensa en las respuestas que acabas de leer: la respuesta de David de clamar a Dios y la respuesta de Dios de dar ayuda a Moisés. ¿Cómo deberías responder a la carga del complejo de culpa de mamá basándose en estas Escrituras? Anota los pasos que te sientas guiada a dar.

El propósito de Jesús al venir a este mundo fue liberarnos de la culpa para que pudiéramos estar en la presencia de Dios. Por eso dijo: "Mi yugo es fácil y mi carga ligera" (Mateo 11:30). Él quiere que tengamos "vida en abundancia" (Juan 10:10), no que andemos agobiados por las cargas.

Lee Isaías 6:7; Hebreos 10:19-25.

Espero que la lectura de estos pasajes te dé confianza en Cristo y que te liberes de la abrumadora carga de la culpa que te agobia. Dedica hoy algún tiempo a pedirle a Dios que renueve tu mirada para que puedas ver a tus hijos sin que la mancha de la culpa empañe tu visión.

"Cristo nos libertó para que vivamos en libertad. Por lo tanto, manténganse firmes y no se sometan nuevamente al yugo de esclavitud" (Gálatas 5:1).

22

¿Cómo puedo mantener una
perspectiva eterna?

*Mantén tu cara hacia la luz del sol
y no podrás ver las sombras.*
HELEN KELLER

■ ■ ■ ■

Algunas personas pueden pensar que lo que hago es glamuroso. Volar a ciudades de todo el país, hablar delante de la gente y firmar los libros que he escrito parece emocionante pero, en realidad, no lo es. Permíteme pintar un cuadro más real de la vida de una conferenciante y escritora cristiana.

Cuando todos los demás están deseando pasar un fin de semana divertido durmiendo hasta tarde, yendo al cine y pasando el rato con sus familias, yo me estoy preparando para salir a hacer ministerio. Un par de fines de semana al mes, hago las maletas, conduzco hasta el aeropuerto, parqueo en un estacionamiento alejado, abordo el autobús aeroportuario, arrastro mi equipaje hasta la terminal, espero en las largas colas de seguridad (donde tengo que quitarme los zapatos, las prendas, la chaqueta y el cinturón, y luego volver a vestirme), me apresuro a encontrar mi puerta de embarque y, por dicha, llego al avión. Una vez que llego al lugar del evento, me encanta lo que hago. Ministrar a las mujeres es increíblemente gratificante y alentador, pero es una pequeña parte de toda la aventura.

Me encanta escribir libros, pero también es un proceso solitario. Imagínate pasar horas sentada en una habitación tranquila rodeada de documentos de investigación, equipos informáticos y notas que te ayudarán a dar forma a un libro. Un libro típico de no ficción contiene más de 50.000 palabras. Esas son muchas palabras, y se necesita mucho tiempo para pensar y escribir esas palabras. Luego están las ediciones, las reescrituras y preguntarse si alguna vez llegará a pegar...

Ahora, por favor, no me malinterpretes. Estoy muy agradecida por la oportunidad de ser usada por Dios en la vida de otros. Siento mucha alegría al llevar a las mujeres más cerca del Señor. Pero tengo que tomar la decisión de ver la alegría y no estancarme en los deberes mundanos que rodean el llamamiento.

La maternidad es muy parecida a eso.

Suena tan onírico vestir a tus pequeños seres queridos con ropa que combine, oírlos decir que eres la mejor madre del mundo, hornear galletas juntos por la tarde y disfrutar sus tiernos espíritus mientras escuchas sus oraciones antes de acostarse. Sí, esos momentos existen. Pero alrededor de situaciones ideales como esas se entretejen voces quejumbrosas, malas actitudes infantiles, peleas entre hermanos, voluntades fuertes, accidentes inesperados, narices mocosas, ropa manchada y nervios tensos. Todo se reduce a decidir en qué enfocarse. Dondequiera que pongas tu atención, eso se hará más grande y se magnificará.

En el libro de Filipenses, Dios explica con suma claridad en qué debemos centrarnos.

Por último, hermanos, consideren bien todo lo verdadero, todo lo respetable, todo lo justo, todo lo puro, todo lo amable, todo lo digno de admiración, en fin, todo lo que sea excelente o merezca elogio. Pongan en práctica lo que de mí han aprendido, recibido y oído, además de lo que han visto en mí y el Dios de paz estará con ustedes (Filipenses 4:8-9).

"No basta con oír o leer la Palabra de Dios, ni siquiera con conocerla bien. También debemos ponerla en práctica. Qué fácil es escuchar un sermón y olvidar lo que dijo el predicador. Qué fácil es leer la Biblia y no pensar en cómo vivir de forma diferente. Qué fácil es debatir lo que significa un pasaje y no vivir lo que eso implica. La exposición a la Palabra de Dios no es suficiente. Debe conducir a la obediencia".[1]

Como madres, echemos un vistazo a cada sección de este versículo y llevémoslo a casa en términos cotidianos.

Todo lo verdadero. Es una bendición ser madre. Hay miles de mujeres con los brazos vacíos que se cambiarían por nosotras sin pensárselo dos veces. La maternidad tiene sus días difíciles y sus temporadas duras, pero no tienen que ser nuestro centro de atención y no durarán mucho todo el viaje. Dios llenará nuestros vacíos a medida que caminemos en obediencia a él. Piensa en estas cosas.

Todo lo respetable. La palabra "respetable" se refiere a "cualidades de alto carácter moral, como el valor, la generosidad o el honor". Una madre respetable es aquella que reconoce que a los niños se les enseña más eficazmente con el ejemplo. Aun cuando los niños recuerdan lo que dices en cierto momento específico, no olvidan lo que ven que has vivido toda la vida. Piensa en esas cosas.

Todo lo justo. El fin del cristiano debe ser ejemplificar la justicia de Cristo en su vida. Pero "justicia" es una palabra complicada que puede parecer demasiado grande para la vida cotidiana. Así que decido ver la justicia como "tomar decisiones correctas que honren a Dios diariamente". Mira cada decisión como un paso más que te lleva a tu destino. Si queremos dejar un buen legado, debemos hacer decisiones que reflejen la justicia. Medita en estas cosas.

Todo lo puro. Mateo 5:8 dice: "Dichosos los de corazón limpio, porque ellos verán a Dios". Si quiero ver a Dios en mi hogar, debo procurar purificar mi corazón. Si quiero ver a Dios en mi matrimonio, debo tratar de purificar mi corazón. Si quiero ver a Dios en la vida de mis hijos, debo procurar purificar mi corazón. Si quiero ver a Dios en mi vida diaria, debo intentar purificar mi corazón. Esto no significa que tenga que ser perfecta. Significa que debo entregar perfectamente mi corazón, mis motivos, mis acciones y mis reacciones a Cristo. Reflexiona en esas cosas.

Todo lo amable. ¿Tengo una visión encantadora de la maternidad? Si alguien me preguntara acerca de ser madre, ¿cuál sería mi primera respuesta? ¿Cuál es la expresión que recorrería inmediatamente mi rostro? Cuando examino mis expresiones faciales, la mayoría de las veces ¿tienen un aspecto encantador? ¿Muestro una sonrisa y una expresión agradable, la mayoría de las veces, o llevo el ceño fruncido y encajado? ¿Cuál dirían mis hijos que es mi visión de la maternidad? Medita en esas cosas.

Todo lo digno de admiración. La inversión de tiempo y energía que realizas para ser madre es admirable. Los sacrificios que haces, grandes y pequeños, son admirables. El amor que sientes por tus hijos es loable. La forma en que los nutres, proteges y cuidas de sus necesidades es asombrosa. Aunque el mundo no te estime y tus hijos no te llamen bienaventurada, Dios sabe que lo eres. Dios ve todo lo que haces. Dios ve todo lo que das. Dios dice que eres admirable y digna de alabanza. Reflexiona en esas cosas.

Todo lo que sea excelente o merezca elogio. La vocación de ser madre es motivo de gran celebración y gozosa alabanza al Señor. Estás participando en la formación de una vida para la eternidad. No importa cómo hayas abordado la maternidad, hasta este momento; puedes buscar la excelencia a partir de hoy. Alaba a Dios por las segundas oportunidades y porque sus misericordias son nuevas cada mañana. Piensa en todo ello

Hace poco, en un vuelo de Illinois a Missouri, pensaba en esas cosas. El día en Illinois había sido muy gris, lúgubre y espantosamente frío. Parecía que el sol se hubiera tomado unas vacaciones y se hubiera dirigido hacia el sur. Sin embargo, cuando ascendimos y el avión atravesó las nubes, me quedé asombrada por el brillo del sol. Y es que no se había ido a ninguna parte. Estaba donde mismo. Estaba resplandeciente, cálido y brillaba a kilómetros de distancia.

Fue entonces cuando caí en cuenta. La gente de abajo no podía ver el sol ese día. Si me hubiera quedado en tierra, podría haber tenido la tentación de olvidar que siempre está ahí. Podría haberme centrado en las nubes sombrías y frías, y haber permitido que se hicieran más grandes, se magnificaran y se convirtieran en el factor definitorio de mi día. Si me hubiera quedado en tierra, no tendría la misma perspectiva que tuve al elevarme por encima de las nubes y ver que el sol seguía ahí. Seguía siendo brillante y cálido.

Mi corazón se llenó de alegría y una sonrisa cruzó mi rostro mientras volteaba la cara y dejaba que la luz del sol se derramara sobre ella. Se hizo más grande, más magnificada, y redefinió mi día.

Señor, gracias por este recordatorio visual de que aun cuando las nubes de las circunstancias se ciernan sobre mi vida e intenten impedir que te vea, tú sigues estando ahí. Tú eres más grande que cualquier circunstancia. Tu amor, tu gracia, tu perdón y tu aliento están ahí, aunque yo no los vea ni los sienta. Eres radiante y cálido. Gracias por los días en que te veo claramente. Pero incluso en los que no pueda verte, te daré las gracias igualmente. Porque sé que no importa lo agotada que me sienta, tú estás ahí. Sé que no importa lo sola que me sienta, tú estás ahí. Sé que no importa lo abrumada que me sienta, tú estás ahí. Sé que a través de todos mis éxitos y fracasos como madre, tú estás ahí. Solo tengo que volver mi rostro y mi corazón hacia ti. Cuando me enfoco en ti, Jesús, te vuelves más grande y magnificado que cualquier problema que pueda estar enfrentando ese día. Solo tú puedes redefinir mi día.

Al bajar del avión en Missouri, miré al cielo. Estaba gris, nublado y frío. Aunque los informes meteorológicos no decían que fuera un día soleado, yo sabía la verdad. El sol estaba allí. Que el sol brille siempre con fuerza en tu rostro y que el Hijo brille siempre con claridad en tu corazón. Recuerda mirar hacia arriba y deja que Dios redefina tus días.

▪ ▪ ▪ ▪ Refresca mi alma ▪ ▪ ▪ ▪

Lee Salmos 68:4; 123:1-2.

Adoramos al Dios del cielo. Él se sienta en su trono en las alturas. Sus manos proveerán todas nuestras necesidades. Sus ojos están sobre nosotros.

> *El Señor recorre con su mirada toda la tierra y está listo para ayudar a quienes le son fieles (2 Crónicas 16:9).*

> *Los ojos del Señor están en todo lugar, vigilando a los buenos y a los malos (Proverbios 15:3).*

> *Porque los ojos del Señor están sobre los justos, y sus oídos, atentos a sus oraciones (1 Pedro 3:12).*

Lee Job 36:7; Jeremías 24:6.

Dios vela por ti. Vigila a tus hijos y a tu marido. Nada ocurre en esta tierra que él no vea. Podemos descansar en ese hecho y acudir a él con la certeza de que está al tanto de todo lo que afrontamos. Él no es un Dios que se desconecte de nosotros ni insensible. Él forma parte de nuestra vida cotidiana.

¿Cuál es tu respuesta a su implicación en tu vida? Si él te está observando, ¿dónde deberían estar tus ojos?

Lee Salmos 25:15; 141:8; 2 Corintios 4:18; Hebreos 12:2.

¿En qué fijas tus ojos? ¿Están fijos en el cielo o en las cosas de esta tierra? ¿Miran hacia el Señor o a tu derredor?

Reflexiona en tus días. Evalúa tus actividades y dónde deben estar tus ojos en todo momento. Tus ojos deben estar enfocados en la condición de tu casa. Tus ojos deben estar en la carretera mientras conduces. Tus ojos deben estar en la seguridad de tus hijos. Tus ojos deben estar en las provisiones que necesita tu familia. Aunque tus ojos físicos deben estar en estas cosas, ¿en qué están tus ojos espirituales?

"Aparta mi vista de cosas vanas" (Salmos 119:37). ¿Hacia qué cosas vanas o sin valor se desvían tus ojos? ¿En la búsqueda de dinero y de posesiones? ¿En las actitudes y acciones de los que te rodean? ¿En las ansiedades y preocupaciones que deberías entregar a Dios? Anota los asuntos específicos en los que están puestos tus ojos en este momento.

"Ábreme los ojos, para que contemple las maravillas de tu Ley" (Salmos 119:18). Haz de esto tu oración, hoy mismo. Pídele a Dios que te abra los ojos para que puedas ver solo lo que él quiere que veas.

Escribe una oración y confiesa las cosas que hacen que tus ojos se aparten de él y pídele que te revele dónde y cómo enfocar tus ojos cada día.

Escribe Efesios 1:18.

Los ojos de tu corazón son tus ojos espirituales. Puedes mantener los ojos de tu corazón enfocados en Dios aun cuando tus ojos físicos parezcan estar mirando en veinte direcciones. Dios conoce tus límites, conoce tus deseos y conoce tu corazón. Confía en él mientras enfocas los ojos de tu corazón en dirección a Dios.

23

¿Dirán mis hijos que me encanta ser madre?

*Sé una versión de primera de ti misma, no
una de segunda de otra persona.*
Judy Garland

■ ■ ■ ■

Esta semana recibí una nota de una amiga que es la joven mamá de tres niños pequeños. Está en esa etapa de agotamiento total y absoluto. Si no se encuentra ahora en esta estación, probablemente pueda recordar estar hasta las rodillas de pañales sucios y rascarse la cabeza grasienta mientras descubre simultáneamente que el estampado de sus pantalones de licra de gran tamaño es en realidad una colección de secreciones o excremento.

Su correo electrónico me llegó tanto al corazón porque me di cuenta de que ya no estoy pasando por eso. Pero cuando estaba en medio de esa dura temporada de la vida, me sentía segura de que nunca saldría de ella. Realmente sentía que la maternidad era estar llena de excremento infantil —pero excremento de todos modos—, mocos, agotamiento y pantalones de licra demasiado grandes durante dieciocho años. Y me sentía súper culpable por no amar todo eso.

Ahora estoy en una estación diferente. (¡Aunque todavía me encuentro llevando esos pantalones de licra enormes!) Y me doy cuenta de que es mi responsabilidad devolverles la llamada a quienes vienen detrás de mí con ánimo, apoyo y amor. Así que, a todas mis amigas mamás jóvenes: aquí está mi llamada para ustedes...

Dulce y joven madre, luché mucho cuando mis hijos eran pequeños. La gente me decía que apreciara esos breves años, porque pasan en un abrir y cerrar de ojos. Yo me iba a casa parpadeando, deseando que pasaran un poco más rápido.

Sin embargo, debo decir que Dios utilizó esos años —más que cualquier otra cosa por la que haya pasado— para crecer y estirarme espiritualmente. Incluso cuando solo tienes pequeños retazos de tiempo con Dios, sus lecciones están ahí momento a momento.

El mero hecho de haber sobrevivido a mi primera hija es una prueba de la asombrosa gracia de Dios operando en mi vida. ¿Recuerdas lo que conté en el primer capítulo? Una vez me mordió en la cara, dejándome un agujero. ¡Un agujero! en un lado de la mejilla. Con todo lo que había en mí, quise llevarla de vuelta al hospital que me asistió en el parto y exigir que me hicieran unas pruebas de ADN. Estaba segura de que había traído a casa a la niña equivocada.

Es decir, hasta que mi madre me dijo que llevaba años orando para que diera a luz a alguien como yo. ¡Ja! La venganza para ella fue pura dicha.

En cualquier caso, sobreviví. La vida no me pasó por alto. La oportunidad no me ignoró. Y mi ministerio estaba ahí, esperándome cuando cambié ese último pañal. Tus sueños, objetivos, aspiraciones y esperanzas de cómo será tu futuro estarán ahí mismo esperándote también.

Aquellos años en los que solo me dedicaba al ministerio de la gente pequeña dentro de mi casa resolvieron algunas torceduras entre el Señor y yo, y prepararon perfectamente mi corazón para ser mucho más real y auténtica. Llegué a darme cuenta de mi desesperada necesidad de Dios como nunca.

Llegué a percatarme de mi desesperada necesidad de gracia como nunca antes. Llegué a darme cuenta de que incluso una chica que sigue las normas como yo puede ser impulsada a maldecir. Y entonces caí en cuenta de que tenía aún más gracia que antes.

Así que aguanta, querida hermana. No te pasa nada cuando sientes que quieres a esas personitas, pero algunos días no te gustan mucho. No pasa nada. Todas hemos pasado por eso. Eso también pasará. Y cuando pase realmente, echarás de menos algunas cosas. (¡Y, de hecho, tampoco extrañarás ninguna parte de ello!)

Todo forma parte de un gran plan que Dios tiene para entretejerte en su historia. Día a día él está tejiendo, estirando y desarrollando algo increíblemente magnífico. Algunos días sentirás como si tu vida fuera un enredo, pero esos nudos son necesarios para cimentarnos en el Señor y hacer fuerte el tejido de nuestra vida. Salmos 90:12 dice: "Enséñanos a contar bien nuestros días, para que nuestro corazón adquiera sabiduría".

Si te aferras a ese precioso proceso de adquirir un corazón sabio día a día, empezarás a ver la belleza incluso en las imperfecciones de tu vida. Y una madre que abraza la belleza a pesar de las imperfecciones es una mujer cuyos hijos saben que le encanta ser madre.

Cierta noche, al subir los escalones de la entrada de mi casa, me detuve y respiré el aire más glorioso de familiaridad. Mi hogar. Mi lugar favorito en el mundo. El lugar donde hago mi vida.

Una tierra de hámsteres perdidos, adolescentes con cara de inconformes, listas de deberes, autos abollados, ardillas que comen madera y más polvo acumulado de lo que quiero admitir. Donde abundan las conversaciones, se derraman lágrimas, se airean las frustraciones y las risas llenan nuestra alocada vida.

Este es el sueño de mi corazón.

Así que, después de todo lo dicho y hecho, la emoción de mi día es volver corriendo al pequeño lugar cuadrado que nos hemos marcado en el mundo. Ese lugar donde mi gente se reúne cada noche con un asombroso sentimiento de pertenencia.

Ese lugar donde está bien usar pantalones raídos, no emplear maquillaje y olvidar que hasta tengo un cepillo. Con todas sus bellas imperfecciones, este es mi lugar. Mi hogar.

Y sí, sí, mil veces sí, me encanta el privilegio de que me llamen "mamá".

■ ■ ■ ■ **Refresca mi alma** ■ ■ ■ ■

Lee Salmos 25:4.

Ora hoy este salmo como si fuera un deseo de tu corazón. Que te dé valor y fuerza con cualquier situación que puedas estar afrontando en tu hogar. Y espera con paciencia y expectación que surja la bondad de Dios.

Cuando dije: *llegué a darme cuenta de mi desesperada necesidad de Dios como nunca antes,* ¿qué recordaste que te haya pasado?

Recuerda, momento a momento sobreviví y tú también lo harás. La vida no me pasó por encima. La oportunidad no me ignoró. Tus sueños, metas, aspiraciones y esperanzas en cuanto a cómo será tu futuro estarán esperándote también. Pero siempre debemos recordar mantener nuestro enfoque en él y permanecer absoluta y desesperadamente dependientes de él. ¿Cómo podemos hacer eso en la práctica? ¿Cuáles son los peligros de no hacerlo?

Lee 2 Corintios 1:9. ¿En quién debemos confiar? ¿Por qué? ¿Cómo?

Lee 2 Corintios 1:4 y 1 Tesalonicenses 5:11. ¿A quién puedes consolar hoy transmitiéndole estas palabras de ánimo?

Incluso cuando solo tengas pequeños retazos de tiempo con Dios, tus lecciones están esperando por ti. Busca la belleza en tu entorno cotidiano y anota lo que veas. Que tus palabras te reconforten y te refresquen hoy.

Una mamá que abraza la belleza a pesar de las imperfecciones es una mujer cuyos hijos saben que a ella le encanta ser mamá. ¿Saben tus hijos que te encanta ser su mamá? Una buena pregunta sobre la cual reflexionar, ¿no te parece?

Lee Colosenses 3:15-17 y ofrece hoy estos versículos al Señor como una oración de acción de gracias a él.

24

¿Ven a Jesús en mí?

*De lo que sí sé mucho es de por qué se rebelan los niños
en los hogares cristianos. Y aunque hay otras razones,
una de las principales tiene que ver con la forma en
que la familia promedio lleva la vida cristiana.*
DR. TIM KIMMEL

■ ■ ■ ■

De todos los recuerdos de mi infancia, hay unos pocos en los
que pienso a menudo y que puedo recordar con detalles precisos.
Recuerdo que mi padrastro trajo a casa una máquina de escribir
usada de su oficina. Aunque a la mayoría de la gente le habría
parecido una basura, para mí era un tesoro invaluable. Ponía
las manos sobre las teclas y me preguntaba qué haría falta para
desatar el poder oculto de unas manos capaces de volar en movimiento y teclear páginas repletas de palabras. Me encantaba el
sonido tap-tip-tap que hacían las teclas cuando las letras golpea-
ban el papel una por una. Me imaginaba a mí misma terminando
la última página de un libro, pasando la palanca de retorno del
carro de la máquina, oyendo el tintineo de la campana, liberando
la página y colocándola en una pila ordenada de un manuscrito
a mi lado. Mi manuscrito. Suspiré. En aquel momento no sabía

suficientes palabras para escribir un libro entero, pero algún día lo haría. Algún día.

En otra ocasión mis padres nos llevaron a mi hermana y a mí a una reunión que tenían. Nos ordenaron que fuéramos a la sala contigua y jugáramos con los otros niños. No estoy segura de qué desencadenó mi deseo de intentar cumplir mi sueño de toda la vida: elevarme por los aires; pero algo debió ser. Quizá un reto de otro niño o tal vez demasiados refrescos, pero —independientemente de lo que fuera— pronto me encontré de pie encima de una mesa anunciando que podía volar. Señalando otra mesa cercana, me preparé para efectuar mi hazaña. Estiré los brazos hacia arriba como Superman, aplasté la cara en una expresión que parecía poderosa, incliné la cabeza y salté. Todos los niños se pusieron firmes, listos para presenciar un milagro asombroso o una lesión de lo más espantosa por parte de una niña tonta. En el aire tenía un gran potencial para ser la heroína de la sala de reuniones aquella noche. Pero justo antes de llegar a la otra mesa, mi cuerpo dio un vuelco y me golpeé la nuca. Tan cerca y, sin embargo, tan lejos.

No obstante uno de mis recuerdos favoritos es cuando estaba sentada en un ventanal de nuestro estudio. Contaba, con mis deditos, los años que faltaban para llegar a ser adolescente, universitaria, esposa y mamá. Recuerdo que estaba muy triste por lo mucho que pasaría hasta que pudiera formar mi propia familia y tener mi propia casa. Parecía que pasaría una eternidad hasta que fuera adulta. Qué maravilloso sería convertirme en una adulta de verdad. Podrías hacer lo que quisieras. Ir adonde quisieras. Reunirte con tus amigos. Y no tener nunca las tensiones de la vida, como la hora de acostarte y los boletines de notas. ¡Si lo hubiera sabido! Ahora, me siento y pienso en lo bonito que sería volver a ser niña. ¿Puedes contar hacia atrás con los dedos?

Combina esas imágenes con una de mi madre haciendo mis galletas de jengibre favoritas, o la de una fiesta de cumpleaños en la que alquilamos un proyector de cine en la biblioteca y vimos la versión en blanco y negro de *King Kong;* o la imagen de la niña que se sentaba a mi lado en tercer grado de primaria y me contagió los piojos, y la de la vez que pinté mi dormitorio color rosa con un rodillo o aquella de cuando me paseé varios días con salpicaduras rosadas en toda la ropa... y ahí tienes mi infancia. Esos no son todos los recuerdos, pero sí los que danzan en el primer plano de mi mente.

Me resulta asombroso que toda una infancia de experiencias pueda resumirse en unos pocos párrafos. Se podría pensar que lo más destacado de mi infancia habría sido un viaje a Disney World, o una mañana de Navidad en la que recibí todos los regalos de mi lista o la vez que me hicieron un disfraz solo para mí. Pero mis recuerdos más vívidos no son más que instantáneas aleatorias de días comunes y corrientes.

Mis hijos siempre quedan fascinados cuando les cuento cosas que recuerdo de mi infancia. Esos recuerdos son especialmente significativos cuando señalo cómo se relacionan esas historias con mi vida actual. La anécdota de cuando conseguí aquella máquina de escribir en mi niñez fue un excelente ejemplo de cómo, ya entonces, Dios me estaba preparando para mi vocación de escritora. Mi deseo de volar también era un indicio de lo que estaba por venir. Yo era una persona arriesgada entonces y sigo siéndolo hoy, por Dios. No es que haya seguido desafiando físicamente la gravedad, pero mi camino con Dios se ha caracterizado por saltos de fe.

No solo es divertido compartir estas historias con mis hijos, también es importante para el desarrollo de su carácter. Ellos se quedan boquiabiertos al escuchar las historias y más tarde pueden recordarlas con asombroso detalle. Es sorprendente lo bien que recuerdan la lección de vida que relaciono con la historia. Creo que por eso Jesús enseñaba con historias. Aunque a un niño le resulte difícil recordar un pasaje de las Escrituras que acaba de leer, la mayoría de ellos pueden recordar específicamente los detalles si se les cuenta en forma de historia.

Gran parte de la historia de nuestras vidas puede remontarse a situaciones en que la mano de Dios ha obrado en ellas. Mis hijos deben conocer la realidad de Jesús en mi vida si realmente quieren sentirlo en *sus* vidas. En su libro *Por qué se rebelan los niños cristianos*, Tim Kimmel explica que la razón número uno por la que los chicos se alejan de la fe es que nunca ven que esta marque una verdadera diferencia en la vida de sus padres.

> *Por desgracia, podemos experimentar una vida cristiana segura y exitosa sin apasionarnos por el Señor. Como cristianos, ¿en qué manera medimos el éxito? En nuestra visión occidentalizada, el éxito se mide de formas que son fácilmente cuantificables: cuánto sabes de Dios, cuánto sirves, qué políticas públicas abrazas, qué tipo de amigos cristianos tienes, tu reputación espiritual, el tipo de dinero que ganas, la cantidad de dinero que das a Dios, los pocos problemas que tienes en la vida, lo bien que se comportan tus hijos y lo constante que es tu rutina espiritual. El problema es que todo esto se puede disfrutar sin tener que andar apasionadamente con Dios. Pero nuestros hijos, especialmente los más sinceros, buscan algo más auténtico. Cuando no lo consiguen, es fácil que se sientan atraídos por otras opciones que van en contra de todo lo que hemos intentado enseñarles.[1]*

No solo llego hasta la mano de Dios en mis historias pasadas, sino que busco constantemente formas de ejemplificar a Jesús hoy. Señalo respuestas a cosas por las que hemos orado. Les muestro las muchas maneras en que Dios provee y me aseguro de que sepan dónde está el mérito. Vivo mi fe en voz alta y de frente para que no puedan obviar que Cristo es el centro de nuestro hogar. Él es demasiado real para negarlo.

El verdadero reto que tengo es asegurarme de que mi actitud no desacredita la realidad de Cristo. Insisto, no es que sienta la presión de ser perfecta —eso sería poco real y falso—, pero tengo que estar en guardia cuando me siento cansada, agotada, hormonal o frustrada por alguna circunstancia de la vida. Son momentos en los que necesito acudir a Dios, pedirle su fuerza, invocarlo para que llene mis grietas emocionales cada momento, e irme a dormir temprano. Es muy fácil reaccionar en la carne y dejar una estela fea detrás de mí. Pero aun cuando fracase con mi actitud, puedo ver eso como una oportunidad para ejemplificar la realidad de Jesús en la forma en que lidio con mi fracaso. Si soy rápida para humillarme, pedir perdón y modelar la redención, eso dice mucho también a mis hijos sobre lo real que es Jesús en mi vida.

¿A qué recuerdos se aferrarán mis hijos en su edad adulta? ¿Qué día común y corriente quedará grabado a fuego para siempre en su memoria instantánea? ¿Qué palabras utilizarán para describir su infancia? No tengo ni idea. Pero tengo esperanzas de lo maravillosamente que recordarán nuestro hogar. Oro para que se borren los días malos y se magnifiquen los grandes. Pero sobre todo para que sea la realidad de Jesús la que se convierta en el cimiento de sus almas.

▪▪▪▪ Refresca mi alma ▪▪▪▪

Lee Salmos 28:6-9.

¿Recuerdas lo que te conté respecto a intentar volar saltando desde una mesa?

Estos versículos del Salmo 28 hablan de un tipo diferente de salto: cuando tu corazón salta dentro de ti de pura alegría. ¿Te ha sucedido alguna vez? A mí sí. Cuando un apuesto joven me pidió una cita por primera vez, mi corazón saltó de alegría en mi interior. Cuando acuné a mi recién nacida, Brooke, y pensé en María —que también le dio la bienvenida a un nuevo bebé muy especial—, mi corazón dio un salto de alegría. Cuando nuestros dos niños pasaron su primera noche en nuestra casa como nuestros hijos adoptivos, mi corazón saltó de alegría ante la bendición de poder arroparlos en la cama como su mamá.

Haz un repaso de tu vida y señala algunos momentos concretos que hicieron que tu corazón saltara de alegría. Deja que tu mente pasee por el carril de los recuerdos. A continuación, anota esos momentos. Si enfrentas dificultades, es útil recordar estos momentos y meditar sobre los recuerdos felices. Si tus memorias tienen que ver con tus hijos, busca un momento tranquilo para compartir estos recuerdos con ellos.

Si tus recuerdos implican a tu esposo, busca un momento privado para compartirlos con él. (¡No supongas que ya lo sabe!)

Piensa en algunas historias de tu infancia y en las lecciones de vida que aprendiste. Anota un recuerdo de la infancia en el que puedas ver la mano de Dios.

Registra un recuerdo reciente en el que la realidad de Jesús haya sido evidente en tu vida.

Dedica un tiempo a la oración, agradeciendo y alabando a Dios por esos momentos de tu vida. Ahora, de acuerdo con los versículos que leíste hoy, agradécele también por ser:

     tu fuerza (versículo 7)
     tu escudo (versículo 7)
     un Dios en quien confiar (versículo 7)
     tu ayudante (versículo 7)
     tu fortaleza (versículo 8)
     tu salvación (versículo 8)
     tu pastor (versículo 9)
     el que te lleva (versículo 9)

Vuelve a leer el versículo 9. Lee Isaías 40:11.

¿En qué áreas de tu vida estás modelando eficazmente a Jesús ante tus hijos? ¿En qué áreas necesitas trabajar? Escribe una oración de celebración y confesión, y pide a Dios su fuerza para realizar cambios reales en esta área.

Ser madre es duro. Es difícil modelar las actitudes correctas para nuestros hijos. Es difícil vivir nuestras convicciones delante de ellos y ser como Cristo. Sabemos que nuestras decisiones, nuestras palabras y nuestras acciones moldean las personas en las que se convertirán nuestros hijos. ¡Hablando de presión! Agradezco mucho que no tengamos que gestionar la maternidad solas. Alabo a Jesús porque nos sirve como pastor, guiando tiernamente a quienes tratamos de dirigir a esas personitas. Copia Isaías 40:11 y pégalo en algún lugar donde puedas verlo a lo largo del día. Cuando te sientas abrumada por la formidable tarea de la maternidad, reclama este versículo e invoca a Jesús para que te ayude. Y asegúrate de alabarlo.

"Bendeciré al Señor en todo tiempo; lo alabarán siempre mis labios. Mi alma se gloría en el Señor; lo oirán los humildes y se alegrarán. Engrandezcan al Señor conmigo; exaltemos a una su nombre" (Salmos 34:1-3).

25

¿Cuándo le veré el humor a esto?

Mi madre tuvo muchos problemas conmigo,
pero creo que lo disfrutó.
MARK TWAIN

■ ■ ■ ■

Una noche tuve el privilegio especial de asistir a una producción escolar en el colegio de mis hijas. Estábamos un poco apurados tratando de reunir todo para salir a tiempo.

Había pelo que necesitaba alisarse.

Nervios que había que calmar.

Accesorios que necesitaban encontrarse.

Y Doritos que había que comerse... ¡para cenar! Vaya querida.

Sin embargo, lo logramos. Solo llegamos tres minutos tarde, lo que consideré una gran victoria. Pero mi triunfo duró poco.

Uno de los números de apertura fue una canción grupal en la que las chicas de la clase de Brooke se pusieron en fila para presentarse. Todas llevaban el uniforme apropiado. Camisas blancas bien planchadas y pantalones oscuros. No obstante, lo más llamativo del atuendo de todas eran sus zapatos. El escenario estaba a la altura precisa para que los zapatos de las artistas quedaran al nivel de los ojos del público.

Esto es lo que vi mientras escudriñaba la fila de las preciosas artistas: zapatos de vestir negros, zapatos formales negros, zapatos formales negros, zapatos formales negros, zapatos formales negros... zapatos forma... de satín azules, ¡y tres tallas más grandes!

Mis ojos dejaron de escudriñar la hilera de zapatos y se alzaron poco a poco para identificar a la chica que estaba al frente y en el centro luciendo los elegantes zapatos discordantes que... además... sonaban clip clap. En el mismo instante, mi hijo mayor se fijó en aquellos zapatos disonantes y se inclinó para susurrarme: "¿Qué tiene Brooke en los pies?".

Al parecer, había decidido que su atuendo necesitaba un poco de dinamismo, algo de glamour, un poco de satín azul, que sonaran clip clap para que se notaran durante el recorrido por aquel escenario de madera.

En ese momento tuve una opción: quedarme atónita pensando "¡Oh, cielos! Las buenas madres saben qué tipo de zapatos lleva su hija antes de cruzar el escenario!" o podía ver aquello como un recuerdo divertido del que siempre disfrutaremos.

En realidad, todo dependía de mi decisión. La mayoría de las veces, mi respuesta natural es no ver el humor en esas situaciones, pero me detengo y considero las cosas de una manera un poco diferente; es sorprendente la frecuencia con que el humor surge en esas circunstancias.

Ahora bien, entiendo que muchas veces nuestras respuestas como madres provienen de hechos desencadenantes procedentes de nuestra infancia. Si tuvimos carencia de (_____) en nuestros años de crecimiento, podemos preocuparnos excesivamente por hacer que las cosas en nuestro hogar sean perfectas. Pero optar por la alegría puede ser también un poderoso agente sanador de algunos de esos recuerdos dolorosos de la infancia.

Por ejemplo, el invierno pasado fuimos a esquiar con unos amigos que nos ofrecieron alojamiento gratuito. Tras despertarnos en nuestra primera mañana en las montañas, me acerqué a la ventana y me quedé mirando lo que nos deparaba una tormenta de nieve nocturna. Nunca había visto tanta nieve en toda mi vida. Pero lo que realmente me llamó la atención fueron los carámbanos más gigantescos que jamás había visto colgando del tejado.

Eran gloriosos. Mientras los contemplaba, un recuerdo cruzó la pantalla de mi mente. Y tenía que ver con mi padre. Mi padre biológico. El que me abandonó hace mucho tiempo y que no sabe nada de mi vida.

No tengo muchos recuerdos de él. Y los que conservo no son muy buenos. Pero si dejo que mi mente medite en el enorme hueco que dejó en mi corazón, me pongo triste incluso hoy.

Dios ha sido tan bueno que me ha ayudado a ver que ya no soy la hija de un padre disfuncional: soy hija suya, hija de Dios. Soy amada. Soy atesorada. Soy querida. Pero, a veces —a través de las grietas de mi corazón— se cuela un pensamiento persistente y empiezo a preguntarme por qué mi papá no me amó. Ahí es donde surge la oportunidad de buscar intencionadamente algún tipo de alegría.

Observar los carámbanos me recordó, de repente, un buen recuerdo de mi padre. Aquello se precipitó en mi mente de un modo que me trajo una perspectiva fresca y resplandeciente. Y elegí detener mi mente allí, dejar que lavara algunas viejas heridas.

Crecí en el estado de Florida, lo que significa que no hay nieve. Pero recuerdo haber orado para que nevara, rogando como un predicador avivado en una reunión de avivamiento en una tienda de campaña. Si alguna vez nevaba en Florida, probablemente sería por las oraciones de una niña apasionada que le rogó a Dios que abriera los almacenes celestiales donde se guardan todos los copos de nieve.

Sin embargo, una noche, las temperaturas bajaron sorprendentemente; tanto que el meteorólogo de la televisión anunció una helada. Eso era algo poco frecuente en esa zona. Fue trágico que no hubiera precipitaciones en esa noche fría, en particular. Era la única noche en la que la nieve podría haber sido posible. Esa experiencia destrozó mi tierno corazón, como si fuera el de un conejito de nieve.

No obstante, a la mañana siguiente desperté con el espectáculo más maravilloso que jamás había visto. Había carámbanos por todas partes. Brillantes, goteantes, colgantes, reflejando la luz, gloriosos carámbanos por todos los árboles de nuestro patio trasero.

Era algo mágico. Éramos la única casa de la cuadra con ese grandioso despliegue invernal... porque yo era la única niña a cuyo padre se le ocurrió poner a funcionar los aspersores la única noche que heló.

No sé dónde ha estado escondido este recuerdo durante tantos años, pero fue un gran regalo. En alguno de los lugares profundos, misteriosos y rotos del corazón de mi padre, había un atisbo de amor. Así que oré para que, dondequiera que estuviera aquel día, él también recordara la noche parecida a una del país de las maravillas con los carámbanos. Es un hilo común de esperanza que une dos corazones muy distantes. Y eso me hizo sonreír.

También me hace sonreír recordar aquellos zapatos clip clap de satén azul. Es un agente vinculante entre mi hija y yo, que atesoraremos y del que hablaremos en las reuniones familiares por muchos años. Sí, es posible que esas mismas cosas que hoy te dan ganas de arrancarte los pelos pinchen alguna fibra sensible, y bastante alegre, en los años venideros.

Como madre estoy aprendiendo el poder de la risa, de la gracia y de dejar que solo las verdades de Dios nos definan tanto a mis hijos como a mí. Si me ves en cualquier tienda esta semana usando unos zapatos de satén azul y que suenen clip clap, ríete conmigo.

Las hermanas que buscamos el humor y la alegría en la vida tenemos que permanecer unidas, ¿sabes?

▪▪▪▪ Refresca mi alma ▪▪▪▪

Lee Juan 1:12.

Si tuviste una buena relación con tu padre o no, analiza el caso expuesto y di ¿cómo te anima este versículo?

En ese momento tuve la opción de dejarme llevar por el "¡Oh, cielos! Las buenas madres saben qué tipo de zapatos lleva su hija antes de cruzar el escenario!". Pude ver eso como un recuerdo divertido del que disfrutaremos hablando siempre. ¿Qué pensaste cuando leíste esto? ¿Qué camino pensaste que elegirías? ¿Por qué?

Después de leer este capítulo, ¿te animas a reaccionar de forma diferente en situaciones similares?

Continué diciendo que *en realidad, todo dependía de mi decisión.* ¿Cómo se manifiesta este pensamiento en tu papel de madre?

Ahora bien, entiendo que muchas veces nuestras respuestas como madres provienen de hechos desencadenantes procedentes de nuestra infancia. Si tuvimos carencias en nuestros años de crecimiento, podemos preocuparnos excesivamente por hacer que las cosas en nuestro hogar sean perfectas. Pero optar por la alegría puede ser también un poderoso agente sanador de algunos de esos recuerdos dolorosos de la infancia. ¿Cómo te identificas con esta afirmación?

¿Qué decisiones has tenido que tomar deliberadamente para evitar ciertos desencadenantes de tu pasado?

¿Cómo has tomado estas decisiones?

Mientras reflexionas en esto, lee Éxodo 15:2: "El _____ es mi _____ y mi _____; iél es mi _____. Él es mi _____, y lo _____; es ____ Dios _____;____ _____ y lo _____".

Lee y escribe Salmos 28:7.

Lee y escribe Isaías 40:31.

Lee y escribe Salmos 46:1.

¿Quién es tu fuente de fortaleza? ¿Por qué es importante para ti reivindicar esto? Anota aquí cualquier otro pensamiento o lucha al respecto.

Dios ha sido tan bueno que me ha ayudado a ver que ya no soy la hija de un padre disfuncional: soy hija de Dios. Soy amada. Soy atesorada. Soy deseada. Son verdades poderosas que tardé años en aprender. Lee Efesios 3:18-19 y 1 Juan 3:1. ¿Qué te dicen estos versículos sobre su amor por ti?

¿Cómo piensas enseñar este amor a tus hijos?

Como madre estoy aprendiendo el poder de la risa, de la gracia y de dejar que solo las verdades de Dios nos definan a mis hijos y a mí. Oro para que esto también sea cierto para ti.

Ayúdame a acompañar a mi hijo hacia la madurez

$$\boxed{26}$$

¿Cómo puedo conseguir que mis hijos

den un paso al frente y colaboren?

Como remedio contra todos los males —pobreza,
enfermedad y melancolía— solo una cosa es absolutamente
necesaria: el gusto por el trabajo arduo.
CHARLES BAUDELAIRE

■ ▨ ▨ ■

Aún recuerdo la rutina de los sábados por la mañana como si fuera ayer. Mi madre y mi padrastro creían en inculcar una buena ética del trabajo a sus hijos. Tenía que levantarme, limpiar la cocina, soplar las hojas de la acera, del camino de entrada y de la terraza trasera; luego debía ayudar a mi madre con mis hermanas pequeñas. Me parecía muy injusto tener que hacer todas esas tareas. No muchas de mis amigas tenían esa clase de quehaceres. ¿Por qué me tocó a mí nacer en una familia cuyos padres hacían trabajar a sus hijos?

Para colmo, tenía un estricto toque de queda que era más temprano que el de la mayoría de mis amigos. Mi madre nunca compraba cereales azucarados y nos hacía comer saludable. Mis padres me hicieron ahorrar mi propio dinero para comprarme mi primer automóvil. No me permitieron tener una cita con un chico hasta que cumplí los dieciséis años y, primero, tenían que conocerlo en persona. Además, yo tenía que ganarme mi propio dinero para mis gastos. Pensaba que tenía los padres más patéticos del planeta.

Ahora, avanza rápido hasta mi reunión en el instituto. Es increíble lo que los años hacen a la gente. Asombroso lo que unos pocos años hicieron a mi perspectiva. Muchos de esos chicos que yo creía que triunfaron en la secundaria, hicieron poco con sus vidas desde que nos graduamos. En la secundaria, no tenían un toque de queda estricto. Estaban en la calle hasta la hora que quisieran. No tenían que trabajar. Les regalaban un vehículo cuando cumplían los dieciséis años. A la mayoría nunca se les había exigido ningún tipo de obligación. Pero ahora, las realidades de la vida parecían haberles golpeado un poco fuerte. Varios de ellos abandonaron la universidad y seguían sin encontrar un rumbo para sus vidas. Unos pocos aún vivían en casa de sus padres. Otros se casaron y se divorciaron. Muchos estaban endeudados y pasaban apuros económicos.

Aunque no hay cosas seguras ni fórmulas perfectas en la crianza de los hijos, creo que hacer que trabajen y comprendan el valor del dinero es clave para su éxito futuro. Ahora aprecio las reglas de mis padres y las he puesto en práctica en mi propia casa. Hay veces que a mis hijos no les gustan tanto como a mí, pero algún día las apreciarán.

Recuerdo a mi hijo Jackson diciéndome lo maravilloso que será cuando logre mudarse y tener su propia casa. Yo solo sonreía porque sabía que era su forma de expresar su disgusto por algunas de nuestras normas familiares. Qué fastidio para él tener que fregar los platos todos los lunes, ayudar a descargar y guardar la compra, cortar el césped, rastrillar y soplar las hojas, lavar los autos y ayudar a cuidar el perro de la familia. Qué fastidio que sus padres crean que el secreto para mantener a los chicos a raya es hacerlos trabajar lo suficiente como para sacarles toda esa agresividad de la testosterona. Qué molestia que tenga que ahorrar su dinero para poder comprar su ropa y pagar las cosas que quiere. Qué injusto que los padres de algunos de sus amigos no tengan esas mismas reglas. Qué tedio que tenga que llevar su propia cuenta corriente y sentarse con su padre una vez al mes para repasar sus ingresos, sus facturas, su diezmo y cómo mantener todo equilibrado. Ah, qué difícil es todo eso.

Sí, algún día tendrá un lugar propio y no tendrá que fregar los platos cada lunes para toda la familia. Lo más probable es que tenga que fregarlos todos los días de la semana y aparte de eso cocinar para su esposa. Lo más probable es que no tenga que descargar la compra de otra persona. Tendrá que comprar, recomprar y guardar sus propios alimentos. Lo más probable es que no tenga que lavar el coche en el que lo llevan de un lugar a otro. Tendrá su propio auto que lo llevará y lo traerá de su trabajo. Y estará laborando demasiado como para preocuparse de cosas como el cine, comprar ropa en el centro comercial con sus amigos o a qué hora es el toque de queda de su amigo. Y entonces, cuando se siente sin su padre para cuadrar su cuenta, lo más probable es que aprecie a esos padres que fueron tan duros con él, igual que me pasó a mí.

Benjamín Franklin dijo: "La forma más fácil de conservar la camisa es arremangársela". Qué gran verdad. Entonces, ¿por qué a veces las madres nos resistimos a que nuestros hijos ayuden en casa? He hablado con algunas de las que se resisten a que sus hijos trabajen. No quieren lidiar con la resistencia de sus hijos. Se preguntan cómo hacer que sea justo entre niños de diferentes edades. Yo no lucho con ninguna de esas cuestiones. Pienso que es un privilegio y un honor vivir en el hogar de los TerKeurst. Ellos no tienen problema con verme trabajar, como tampoco yo lo tengo con verlos a ellos esforzarse por ayudar en el hogar.

Mi lucha con las tareas domésticas no era si los niños debían hacerlas o no, solo era esto: si podían hacerlas bien. Eso requería entrenamiento, capacitación que —a su vez— requería tiempo. Así que solicité la ayuda de mi ultraorganizado marido y juntos hicimos una lista de las tareas en las que necesitábamos que los niños ayudaran. Él las ordenó en una hoja de cálculo de Excel y la colocó en la cocina. Luego abordamos la tarea de preparar a los niños para cada tarea asignada.

A la hora de capacitar a los niños, utilizamos un método similar a la manera en que cualquier gerente de restaurante instruye a sus nuevos empleados:

- diles
- muéstrales
- trabaja junto a ellos
- supervísalos
- inspecciónalos
- dales las gracias

Primero les explicamos en qué consiste el trabajo y cuáles son nuestras expectativas. Luego les enseñamos las herramientas que necesitarán para la labor, cómo utilizarlas, cómo realizar la tarea que se les ha encomendado, y cómo limpiar y guardar los utensilios para su uso posterior. Después, trabajamos a su lado, interviniendo solo para ofrecer consejo o echar una mano cuando sea necesario. Todo eso puede lograrse el primer día de entrenamiento. La próxima vez que el niño tenga que hacer este trabajo, supervísalo tú. Deja que el niño realice la tarea sin que tú intervengas. Si tiene preguntas, respóndelas recordándole el procedimiento exacto que cubriste en el adiestramiento original. Después, elógialos por todo lo que hayan hecho bien, señala cualquier cosa que podrían hacer un poco mejor y dales las gracias por el trabajo bien hecho. En este punto deberían estar preparados para hacer el trabajo por sí mismos la próxima vez. Sé diligente a la hora de realizar las inspecciones rutinarias cuando terminen sus tareas. No es necesario que lo hagas siempre, pero sí con la frecuencia suficiente para que se responsabilicen de un trabajo bien hecho. Esto requiere una inversión de tiempo inicial por tu parte. Requiere algo de reflexión y trabajo por adelantado, pero qué inversión tan valiosa ha sido esa para nosotros. Hay una libertad maravillosa que viene de compartir la carga de tareas —que son inevitables— en un hogar con siete cuerpos.

He aquí algunas cosas más que debes tener en cuenta. Una de las más importantes es la adecuación a la edad de las tareas que asignes a tus hijos, ya que existen cuestiones de seguridad con los productos químicos y las herramientas que pueden ser peligrosas si no se manejan adecuadamente. Las mamás con hijos más pequeños deben encontrar tareas que ellos puedan hacer para que se formen una idea de la importancia de contribuir a la familia desde una edad temprana. Ve a internet y teclea "tareas para niños" y encontrarás listas y tablas para chicos de todas las edades. Mi hija menor aparea los calcetines, apila cuencos de plástico, guarda los utensilios (todos menos los cuchillos afilados), da de comer al perro, le tira la pelota, ayuda a deshierbar el jardín y limpia su habitación.

Considera también elegir el momento adecuado para adiestrarlos. Una amiga mía hizo de la formación de cada uno de sus hijos un proyecto de verano. Descubrió que era una época más lenta y menos programada en la que realmente podía dedicar tiempo a implantar un sistema que funcionara para su familia.

Por último, recuerda que la actitud lo es todo. Enseña a tus hijos a mantener un corazón alegre mientras trabajan modelándolo. Pon música alegre, sorprende a tus hijos con una gran actitud mientras trabajan, recompénsalos con un premio especial y acuérdate siempre de elogiarlos por el trabajo bien hecho.

Por cierto, no les pagamos a nuestros hijos para que nos ayuden con las asignaciones cotidianas como limpiar la cocina, atender al perro, la piscina, lavar ropa y mantener limpios sus cuartos y sus baños. Las tareas de nuestra tabla de asignaciones son un requisito para vivir en nuestra casa. Sin embargo, damos a los niños la oportunidad de ganar dinero con trabajos extra. A los chicos se les paga por hacer trabajos de jardinería o por ayudar a su padre con proyectos especiales. Las niñas reciben una paga extra por limpiar los vehículos o ayudarme con proyectos especiales.

La cuestión es que les des a tus hijos el don de una buena ética del trabajo. Es un regalo que los bendecirá a corto plazo y cosecharás ricos dividendos para ellos a largo plazo.

▪▪▪▪ Refresca mi alma ▪▪▪▪

Lee el Salmo 128.

Este pasaje describe el diseño perfecto de Dios para el hogar y la familia. En el versículo 2, leemos: "Comerás el fruto de tu trabajo".

Ahora lee Génesis 3:17.

Parte de la consecuencia del pecado de Adán fue trabajar duro para conseguir su comida por el resto de su vida. Desde entonces, todos los hombres han tenido que trabajar para comer, ya sea sembrando, cultivando, criando animales o ganando el dinero para comprar alimentos y artículos de primera necesidad. Aunque el plan original de Dios no exigía eso, es la consecuencia del pecado y parte de la realidad de la vida en un mundo caído.

¿Te enseñaron a trabajar duro desde niño? Si es así, ¿estás agradecido ahora? Si no lo estás, ¿desearías haber sido criado con una ética de trabajo más fuerte? ¿Qué te gustaría enseñar a tus hijos sobre el trabajo? Escribe lo que piensas al respecto.

Lee 1 Corintios 4:12; Filipenses 2:14; Colosenses 3:23; 2 Tesalonicenses 3:10.

Basado en estos versículos, ¿qué dice la Biblia sobre el trabajo? Utiliza estos versículos como ayuda para enseñar a tus hijos. Cuando se quejen o discutan por hacer las tareas domésticas, vuelve a estas Escrituras. Ayúdales a ver que el trabajo duro y la contribución a la familia forman parte de la vida. Eso desarrollará su carácter y agradará a Dios. Recuérdales, a menudo, que honran a Dios cuando participan en los quehaceres diarios. Si decides crear una lista de tareas, considera la posibilidad de añadir uno o dos de estos versículos como "recordatorio amistoso" de la actitud que deben tener respecto al trabajo.

Lee 1 Corintios 11:1; 1 Timoteo 4:12; Tito 2:7-8.

¿Qué ejemplo estás dando a tus hijos sobre el trabajo? ¿Ven tus hijos que trabajas en casa, haciendo un esfuerzo adicional para crear un hogar ordenado y acogedor para ellos? ¿Te ven hacer todo como para el Señor? ¿Te ven refunfuñar y quejarte de las tareas diarias que se te exigen? Sé que mis hijos ciertamente me han visto faltar a esto en nuestro hogar. Intento marcar la pauta manteniendo la misma ética de trabajo que espero de ellos y trabajando a su lado. Somos una familia que juega junta, ora junta y trabaja junta. Quiero que mis hijos sepan que todo lo que espero de ellos, lo espero de mí misma. Quizá quieras pensar en esto al considerar cuáles son tus expectativas para con tus hijos. Depende de nosotros establecer el estándar para nuestras familias. Nuestra actitud ante el trabajo marcará la pauta de la forma en que lo vean nuestros hijos.

Lee Efesios 4:15-16.

Aquí se está describiendo el cuerpo de Cristo, pero estos versículos también muestran una imagen exacta de cómo debería ser la familia cristiana: cada miembro contribuyendo al máximo de su capacidad por el bien de la familia.

Dedica tiempo a pensar en formas de involucrar a tus hijos e inspirarlos para que trabajen por el bien de su familia. Pídele a Dios que te ayude a pensar en formas creativas de hacer eso y no olvides pensar en algunos incentivos ingeniosos mientras estás en ello.

27

¿Cuál es el secreto para no asustarse?

Los médicos me dijeron que nunca caminaría, pero mi
madre me dijo que lo haría, así que le creí a ella.
Wilma Rudolph

▨ ▨ ▨ ▨

Hace un par de años oí por casualidad a Hope decirle a una amiga que se alegraba mucho de que yo no me preocupara tanto por las notas. Sin querer ser entrometida, pero totalmente deseosa de serlo, seguí escuchando.

Mi hija continuó explicando que se esperaba que ella, sus hermanos y sus hermanas dieran lo mejor de sí mismos, pero que —en definitiva— mientras trabajaran duro, sus padres estaríamos satisfechos con cualquier calificación que recibieran.

En gran parte, eso es correcto.

No siempre ha sido así. Cuando Hope empezó en el jardín de infancia, me sentí obligada a ayudarla a tener éxito. Sentí una enorme presión porque creía que el éxito en la escuela implicaba el de su vida futura, y quería preparar a mi hija para triunfar.

Era una niña brillante. Era una chica elocuente. Sin embargo, por más que lo intentaba —en su paso por el preescolar— nunca aprendió a leer.

Luego llegó el primer grado. Todos los demás niños de su clase leían con facilidad. ¡Algunos incluso leían libros con muchos capítulos! Mi hija no. Así que me entró el pánico. Hice que la examinaran. Me preocupaba constantemente pensar que debía estar haciendo algo mal como madre de ella.

Al final, todo fue una cuestión de disposición. Cuando estuvo lista, empezó a leer.

Entonces llegó mi siguiente hijo, que ya leía a los cuatro años. *Por fin había hecho algo bien,* razoné.

Pero entonces llegó la niña número tres y fue la que aprendió a leer más lento, hasta el momento.

A través de todo eso, Dios empezó a desenredar la percepción errónea de que el éxito en la escuela determina el triunfo en la vida. Y que, como progenitora, me corresponde a mí presionar, suplicar, exigir y determinar el futuro de mi hijo.

Poco a poco, me di cuenta de que Dios tiene un plan para cada uno de mis hijos. Mientras dependa del Señor para que me guíe como madre, nada de lo que haga o deje de hacer estropeará el futuro de mi hijo.

Como progenitora, mi trabajo es guiarlos, pero mi instrucción no debe tener como objetivo final su éxito a los ojos del mundo. Mi guía debe centrarse en conducirlos a una relación con Dios, en la que él ha de enderezar su camino, sean cuales sean sus calificaciones.

Como madre, esta revelación nos ha proporcionado mucha libertad a mis hijos y a mí.

Puedo celebrar que si uno de mis hijos destaca en una asignatura, ese éxito en particular es necesario para lo que sea que Dios pretenda que haga finalmente en la vida. Si, por el contrario, uno de ellos tiene dificultades y no puede entender una asignatura en particular, bueno, eso también forma parte de la dirección de Dios.

Por supuesto, trabajar duro, hacerlo lo mejor posible y ser un estudiante concienzudo son cosas importantes. Pero al final, para mi casa y para mí, las notas no son lo que determina en última instancia el éxito.

Puede que esta niña nunca saque en la escuela unas notas que el mundo estime, pero darle la libertad de sobresalir de la forma en que Dios la ha diseñado ya está dando sus frutos. Ella tiene una perspectiva eterna que es más valiosa para su futuro que cualquier galardón académico.

Estoy convencida de que sus luchas en la escuela son, en realidad, la forma que tiene Dios de mantenerla en el camino que ha trazado para ella desde que estaba en mi vientre. Hope fue concebida solo a los cuatro meses de nuestro muy duro comienzo de matrimonio. Uno compuesto por dos pecadores destrozados que nos lanzamos a la responsabilidad de intentar criar a un niño.

El día que nació Hope vi a Dios como nunca antes. Su tierna gracia me fue entregada envuelta en una manta rosada con unos ojos tan grandes, tan azules, que eran un mar de perdón mirándome fijamente para siempre.

Nunca había tocado físicamente a Dios, pero ese día lo hice. Y tal vez por primera vez en toda mi existencia, su esperanza se precipitó dentro de mí y comenzó a reorganizar y redimir mi quebrantamiento.

Esperanza [Hope, en inglés].

Así que la llamamos Hope.

Ahora bien, no hablaremos de las conversaciones que tuve con Dios cuando su Hope me mantuvo despierta en mitad de la noche por meses, después de aquello. Y nos ahorraremos la historia de cómo su Hope siempre sintió que ser niña era algo que la colocaba en una posición inferior o de menor importancia. De modo que ponía las manos en sus caderas, de niña pequeña, y me decía que no la mandara; que yo no era su jefa.

Dejaremos esas historias para otro día.

Porque hoy he recibido un correo electrónico de su Hope. En este mismo instante, ella anda por los caminos accidentados de Etiopía sorteando la pobreza que su mente no puede procesar del todo. Se está topando con ovejas y con una mujer que camina hacia su casa hecha de cartones y sábanas rasgadas.

Los pasos de Hope son firmes, aunque su corazón se siente tembloroso. Porque una vez más pasará el día amando a treinta niños que mueren de SIDA en un orfanato olvidado en las afueras marginales de la ciudad.

Me escribió para decirme: "Mamá, me he enamorado. Los niños se abalanzaron sobre mí cuando entré e intenté abrazarlos a los treinta a la vez".

Su esperanza. Mi Hope.

De una madre destrozada. En un mundo quebrantado. Su Esperanza va adelante como solo Hope puede hacerlo.

Así que, todo eso para decir que sí, que no me pongo nerviosa por las notas. Confiar en el plan de Dios es el único secreto que conozco en el tierno arte de no enloquecer.

▨▨▨▨ Refresca mi alma ▨▨▨▨

Lee Proverbios 22:6.

Como padres, nuestro trabajo es guiar a nuestros hijos. Pero nuestra guía no debería tener como objetivo final su éxito a los ojos del mundo. Nuestra guía debería centrarse en conducirlos a una relación con Dios, en la que él hará que su camino sea recto, sin importar cuáles sean sus calificaciones. ¿Qué opinas de esta afirmación?

Con el tiempo, poco a poco me di cuenta de que Dios tiene un plan para cada uno de mis hijos. Mientras dependa del Señor para que me guíe como madre, nada de lo que haga o deje de hacer estropeará su futuro. ¿Qué opinas al respecto?

Lee Mateo 6:25-34. ¿Cómo se relacionan estos versículos con confiar en que Dios tiene un plan para cada uno de nuestros hijos? ¿Es esta un área en la que necesitas rendirte a él hoy?

Lee Deuteronomio 4:9. Moisés quería que los padres no solo reconocieran la fidelidad de Dios, sino que también recordaran y transmitieran a sus hijos lo que habían aprendido. ¿Cómo puedes hacer esto en el seno de tu familia?

Lee Deuteronomio 6:6-8. Según estos versículos, ¿con qué frecuencia deberíamos inculcar verdades a nuestros hijos? ¿En qué manera te inspiran estos versículos? ¿Qué te animan a hacer de forma diferente?

Lee y ora Salmos 143:10. Recita deliberadamente este versículo a lo largo del día.

28

¿Cómo puedo establecer límites?

La manera en que pasamos nuestros días es,
por supuesto, el modo en que pasamos nuestras vidas.
ANNIE DILLARD

■ ■ ■ ■

Amo a mi pequeño *terrier* Jack Russell llamado Champ, pero permíteme asegurarte que tenía serios problemas con los límites cuando lo tuvimos por primera vez. Lo queríamos y él lo sabía. Pero, por alguna razón, aunque parecía querernos, le gustaba más escaparse. Llegó a ser tan serio el asunto que, apenas podíamos abrir la puerta principal sin que saliera corriendo en busca de libertad. Me partía el corazón verlo correr alocada y despreocupadamente fuera de nuestra casa. No tenía ni idea de los peligros que representaban los vehículos a toda velocidad, los venenos que pueden encontrarse en muchos garajes y los perros más grandes que podrían comérselo para almorzar. Un cercado era impensable. Vivimos en un terreno de casi cinco hectáreas. Y las vallas con collar de choque me parecían muy crueles. Así que seguimos intentando adiestrarlo para que se quedara.

La primera noche que tuve que irme a la cama sin haberlo encontrado todavía, fue un caso perdido absoluto. Tuve una noche de sueño agitado, llena de pesadillas con todo lo que podía ocurrirle a mi querido cachorro. No dejaba de tener visiones de él yaciendo en una cuneta a un lado de la carretera en algún lugar. Lloré. Oré. Di vueltas. Volví a llorar y oré un poco más. Entonces, milagrosamente, encontró el camino a casa a la mañana siguiente. Me sentí muy aliviada y contenta. Pero la celebración duró poco; volvió a escaparse a la semana siguiente. Y a la siguiente. Y la siguiente.

El mal hábito de nuestra mascota se convirtió en una constante petición de oración en nuestra iglesia. Es una tontería, lo admito, pero queríamos a ese perro loco; así que nuestros amigos y nosotros orábamos a menudo por eso. Incluso nuestro pastor era consciente de la situación. Mientras conducía de vuelta a casa después de un servicio del miércoles por la noche, me llamó al móvil para decirme que acababa de encontrar a Champ. No podía creer que hubiera podido soltarse de la cadena con la que lo habíamos asegurado en el patio delantero ni que hubiera podido huir tan lejos de casa. Pero cuando el pastor describió a Champ con lujo de detalles, sentí que me hervía la sangre.

Anduve todo el camino furiosa hasta encontrarme con el pastor en el estacionamiento de una escuela cercana. Cuando salí del coche y empecé a regañar a mi díscolo perro, me horroricé al darme cuenta de que ¡no era Champ! Sus características eran las mismas, pero definitivamente no era nuestro Jack Russell.

Dios mío, ¡mi pastor secuestró al perro de otra persona! Yo estaba conmocionada. Él estaba conmocionado. El pobre parecido a Champ estaba conmocionado. Y estoy segura de que la dueña que vio a mi pastor marcharse con su perro ¡estaba realmente conmocionada! Por fin había llegado el momento de que Champ se llevara su propio susto. Llamamos a la compañía que instala vallas invisible. Champ necesitaba unos límites, y un collar de choque le ayudaría a rendir cuentas.

Las madres pueden aprender mucho de Champ. Aunque no digo que necesitemos collares de choque (aun cuando a menudo he pensado que podrían ser útiles con niños caprichosos... ¡es un chiste!), creo que las madres necesitan límites. Las exigencias a las madres parecen no tener fin, pero incluso los mejores atletas necesitan un descanso de vez en cuando. Nosotras también. Independientemente de que nos inclinemos por ser madres descuidadas, o supermamás o madres reales; la realidad es que necesitamos darnos permiso para dejar de ser mamás durante un tiempo y ser simplemente mujeres... esposas... amigas.

No puedo decirte cuántas madres he conocido que se enorgullecen de no haber dejado nunca a sus hijos por ningún motivo. Ponen todo en un segundo plano en nombre de ser mamás extraordinarias. Si esta eres tú, debes saber que no te estoy criticando ni juzgando. Tú conoces a tus hijos y tu situación propia. Solo te estoy expresando algo importante en lo cual pensar. Si no te cuidas y te das permiso para refrescarte y reponerte, no te sorprendas cuando te sientas constantemente agotada y secretamente resentida con tu familia. He visto madres que se sienten tan agotadas por el estrés diario de la maternidad que parece que un día, de repente, estallan y huyen de sus responsabilidades.

También he visto madres que nunca han sabido abrazar las alegrías de la maternidad y buscan simplemente maximizar el hecho de ser madres en una vida ya de por sí sobrecargada. Aunque esas mujeres no abandonan físicamente a sus hijos, sí lo hacen emocional y espiritualmente. Se ven arrastradas a un mundo en el que depositan la crianza de sus hijos en cuidadoras y maestras. En vez de afrontar los problemas de sus hijos, buscan apaciguarlos por el momento. Pero ten cuidado. Este es un punto muy peligroso en el cual estar.

Los niños anhelan tres cosas cuando se forja su seguridad emocional: amor, aceptación y estabilidad. No necesitan un compinche paterno ni un esclavo. ¿De dónde hemos sacado las madres la idea de que debemos ser cualquiera de estas dos cosas? John Rosemond, experto conservador en paternidad, dice:

Una abrumadora cantidad de los niños de hoy están creciendo y pensando que sus madres les deben algo. Debi-

> do a que la relación madre-hijo ha cambiado de manera
> drástica en el transcurso de los últimos cuarenta años, el
> niño actual corre el gran riesgo de convertirse en un mo-
> coso petulante, exigente y desagradecido. Por desgracia,
> cuanto más petulante y exigente se vuelva, más probable
> es que su madre sienta que no está haciendo lo suficiente
> por él. De modo que esta unión codependiente madre-hi-
> jo se perpetúa con el tiempo.[1]

Ni un compañero ni un amigo ni un esclavo pueden criar hijos emocionalmente seguros. Tus hijos tendrán una visión sesgada de lo que es el amor. El amor se convierte en lo que los demás dan y hacen por ellos en vez de lo que ellos dan y hacen por los demás. La aceptación se convierte en tolerancia hacia cualquier comportamiento en nombre de no dañar la frágil psique del niño. Lo triste es que si los niños no aprenden a comportarse correcta- mente, aunque puedan ser tolerados por sus padres, no lo serán por el mundo en general. Los niños revoltosos se convierten en adultos molestos a los que les espera una travesía decepcionante y dura por la vida. Por último, además del amor saludable y la aceptación, la estabilidad también es esencial para la seguridad emocional. La estabilidad solo es posible cuando se enseña y se hace cumplir una base sólida de lo que está bien y lo que está mal. Las reglas difusas que se aplican de forma incoherente en función de las respuestas emocionales de un niño son como arena movediza. Las normas en la vida de un niño deben establecerse, enseñarse y hacerse cumplir de manera coherente.

Establecer límites en la vida de tus hijos tiene muchos benefi- cios: seguridad emocional para ellos y cordura emocional para ti. De modo que reclama la autoridad sobre tus hijos. Descansa cuando lo necesites. Tómate tiempo para ser mujer, esposa, amiga y una madre equilibrada. Poner en práctica estas cosas restaurará el orden emocional en tu hogar y te ayudará a no sentirte tan agotada todo el tiempo.

¿Y qué pasó con Champ? Sí, se asustó unas cuantas veces mientras aprendía sus límites. Pero solo le costó unas veces. Ahora corre y juega felizmente dentro de los límites establecidos para él. Está seguro y bien cuidado. Ahora sabe quién manda y es más obediente que nunca. Es un perro modelo de la seguridad emocional canina.

■ ■ ■ ■ Refresca mi alma ■ ■ ■ ■

Lee el Salmo 62.

¿Luchas con la preocupación por tus hijos? En este salmo, David nos anima a poner nuestra confianza en Dios únicamente y no en nuestras propias capacidades. Nos dice que descansemos en el Señor: descansemos en él cuando el miedo por nuestros hijos intente apoderarse de nosotros, descansemos en él cuando el estrés aumente en nuestros hogares, descansemos en él cuando deseemos reaccionar con ira, descansemos en él cuando las presiones de nuestra lista de cosas por hacer provoquen pánico en nuestros corazones, descansemos en él cuando nos cuestionemos a nosotras mismas, descansemos en él cuando nuestros preciosos hijos no salgan como teníamos pensado. Descansa.

Quizá te estés diciendo a ti misma: "Todo ese descanso suena bien, ¡pero me conformaría con una buena noche de sueño!". ¿Puedo animarte a que hagas de tu sueño una cuestión de oración? Dios quiere satisfacer nuestras necesidades. Él nos diseñó con necesidad de dormir, sin embargo, a menudo perdemos el sueño preocupándonos. Nos alarmamos por las cosas que tenemos que hacer, por el futuro y por las palabras airadas que pronunciamos. La preocupación puede robarnos el precioso descanso físico.

Lee Deuteronomio 33:12 y Salmos 127:2. No te quedes despierta consumida por las preocupaciones. Cuando te encuentres despierta por la noche, ora. Pídele a Dios que te conceda el sueño según las palabras de Salmos 127:2. Entrégale todas tus preocupaciones y cámbialas por un sueño tranquilo.

Lee Mateo 11:28-30.

¿Cómo podemos encontrar descanso? Acudiendo a Jesús. Cristo anhela darnos el descanso que deseamos. Anhela consolarnos, tranquilizarnos, sacarnos de la rueda en la que corremos frenéticamente y concedernos descanso para nuestras almas: descanso espiritual. Comprende que el descanso espiritual te renovará de una forma que el descanso físico nunca podrá hacerlo. El descanso espiritual te proporcionará fuerza emocional y paz en lo más profundo de tu ser. Cuando nuestras almas están descansadas, nuestras limitaciones físicas son menos abrumadoras. Jesús nos asegura que su yugo es ligero y fácil de llevar. ¿No suena eso como el alivio que anhelas? Tómate unos momentos para orar ahora mismo y pídele a Jesús que te quite tus cargas. Nombra específicamente las cosas que te pesan. Acostúmbrate a acudir a él y ofrecerle tus cargas, cambiando su yugo ligero por el tuyo pesado. Agradécele por ofrecerte esto y darte descanso. Reclama el descanso que él te ofrece hoy.

Lee Juan 10:10.

Satanás desea robarnos el descanso y mantenernos en un estado delirante. Quiere que creamos que el descanso no es posible. Quiere que nos preocupemos y perdamos el sueño. Haciendo todas esas cosas, puede hacernos inefi-caces como esposas, madres y siervas de Dios. Cuando la preocupación por tus hijos se apodere de ti, vuelve a la verdad que se encuentra en la Palabra de Dios.

Aunque unas cuantas oraciones y algo de tiempo con la Biblia no resuelvan inmediatamente los problemas de la vida, te darán esa paz que sobrepasa todo entendimiento (Filipenses 4:7). Esta es la paz que nos ofrece Jesús. En esta vida, siempre tendremos preocupaciones; es lo que hacemos en respuesta a ellas lo que marca la diferencia.

29

¿Cuál es la lección de vida más crucial?

Nada me produce más alegría que oír
que mis hijos viven en la verdad.

3 Juan 4

■ ■ ■ ■

Había sido una semana decepcionante para mis hijos. Brooke esperaba interpretar un solo en la obra del colegio pero no lo consiguió. El equipo de baloncesto de Mark y Jackson perdió un partido importante. A Ashley no le fue tan bien como esperaba en un encuentro de gimnasia. Hope sacó una nota baja en un examen de una asignatura en la que usualmente le iba bien. Aunque los acontecimientos fueron pequeños en el gran esquema de la vida, para mis hijos fueron grandes en el marco de esa semana. Superaron la decepción bastante rápido, pero —como madre— me dolió verlos sufrir.

Ahora bien, no soy una de esas madres que llevan los éxitos de sus hijos a cuestas como un manto. No hago publicidad de sus logros para que me den gloria, y no me mortifico por sus derrotas, preguntándome qué podría haber hecho para ayudarlos más. Ganan y pierden por méritos propios. Hace tiempo que aprendí a no atribuirme demasiado crédito por su bien ni demasiada culpa por su mal. Sin embargo, cuando se alegran, me alegro. Y cuando les duele, me duele.

En cierto modo, parece que el cordón umbilical nunca se corta realmente. Incluso mis hijos, a los que no di a luz, están atados a mi fibra sensible para siempre. Creo que el viejo dicho es cierto. Lo difícil de ser madre es que siempre tendrás trozos de tu corazón dando vueltas fuera de tu cuerpo. Qué difícil puede ser eso. He pasado muchas noches en vela orando por uno o varios de mis hijos.

Así que cuando llegó el sábado de esa dura semana, decidí sorprender a los niños y llevarlos a todos al cine. Habíamos estado leyendo juntos *El león, la bruja y el ropero*, y ahora se estrenaba la película. Nos emocionaba mucho escaparnos del mundo real y entrar al de Narnia con Aslan, Peter, Susan, Edmund y Lucy. Fue una película conmovedora llena de aventuras, peligros y la lucha entre el bien y el mal.

Durante una de las escenas de miedo, Brooke me preguntó si podía sentarse en mi regazo. La abracé con fuerza mientras veíamos cómo la malvada bruja mataba al hermoso león. Si has leído el libro o visto la película, recordarás bien esta escena. La rica correlación con la crucifixión de Jesús te dejará sin aliento. Varios de mis hijos lloraron durante esa escena, no por miedo, sino por la verdad de lo que Cristo hizo por nosotros. A través de sus lágrimas, Brooke me susurró al oído: "Mami, ¿cómo acaba la historia? ¿Aslan va a estar bien? ¿Va a ganar?".

Yo le susurré: "Brooke, ya sabes la respuesta a esa pregunta. Esta historia está escrita en tu corazón". Eso fue todo lo que pude decir antes de atragantarme. Entonces se me salieron las lágrimas mientras Brooke respondía: "Sí, mamá. Conozco la verdadera historia". La alegría que me invadió en ese momento superó con creces cualquier logro que cualquiera de mis hijos pudiera alcanzar jamás. Mis hijos conocen a Jesús. La verdadera historia está escrita en sus corazones. La historia verdadera impacta sus acciones. La historia real cambia sus perspectivas. La historia real asegura su eternidad.

Esa es la mayor alegría de una madre.

Reflexiona en todas las preguntas que retumban en el corazón de una madre. ¿Cómo están mis hijos? ¿Tienen buenos modales? ¿Saben qué hacer en caso de emergencia? ¿Están siendo equipados para tratar con la vida fuera de nuestro hogar? ¿Manejan las victorias y las derrotas con gracia? ¿Están recibiendo una buena educación? ¿Están comiendo suficientes verduras? ¿Se sienten seguros? ¿Saben que son amados? ¿Están viendo buenos principios matrimoniales modelados en nuestro hogar? ¿Tendrán éxito en cualquier trabajo que finalmente consigan? ¿Se les considerará responsables y productivos? ¿Cómo manejarán sus finanzas?

Las preguntas se suceden sin cesar en una carrera que parece no tener fin.

Aunque quiero equipar a mis hijos para que sean adultos íntegros y responsables, no debo pasar por alto lo más importante. De todas las cosas que enseño a mis hijos, debo colocar su relación con Jesús en el primer lugar de la lista. Más que limitarme a llevarlos a clases de religión, a la escuela dominical y a conseguir que se bauticen, debo preguntarme: ¿Estoy fomentando en ellos el deseo de tener su propia relación personal con Jesús? Sí, estas otras cosas son importantes símbolos externos de nuestro compromiso como familia, pero ¿qué pasa con el corazón de mis hijos? ¿Aman a Jesús por tradición familiar o por una relación personal con él?

Ahora, aquí está la parte difícil. Ellos no pueden conocerlo realmente como Sanador a menos que él los haya sanado de alguna manera. Ya sea que se trate de un brazo lastimado, la gripe o un corazón roto, ¿intento yo como madre atribuirme el mérito de haber hecho posible el camino a la curación? No. Ocupo mi lugar como la que cuida, pero señalo que Jesús es el Sanador. No pueden conocerle realmente como Salvador a menos que les ayude a comprender de qué nos salva Jesús. Puedo corregirlos, animarlos e instruirlos, pero no puedo salvarlos. Solo Jesús puede cambiarlos, moldearlos y mantener puros sus corazones. No pueden conocerlo realmente como Consolador si él no los ha consolado de alguna manera. ¿Intento arreglar todo en la vida de mis hijos para que nunca tengan que enfrentarse a dificultades? No. Ayudo en oración hasta cierto punto y luego doy un paso atrás y les enseño cómo acudir a Jesús por sí mismos.

A veces, saber cómo señalarles a Jesús es difícil. Es entonces cuando tengo que cerrar los ojos y decirle a Dios la verdad. "Dios, a veces no tengo ni idea de qué hacer, y este es uno de esos momentos". El Pastor fiel siempre me responde de la forma más asombrosa. Me enseña cómo pastorear a esos niños y me recuerda que debo guiarlos hacia él. La clave es que tengo que preguntar. Luego, tengo que escuchar y hacer lo que él me indique. Si no obtengo respuesta de inmediato, sigo preguntando mientras avanzo con esta pregunta en el primer plano de mi mente: ¿Qué es lo que más honraría a Dios en esta situación?

En *El león, la bruja y el ropero*, después de que Aslan vence a la muerte y vuelve con los niños, hay una escena preciosa que ilustra perfectamente lo personal que puede ser Dios para los niños. "Fue una diversión como nadie la ha tenido jamás, excepto en Narnia; y si se parecía más a jugar con una tormenta eléctrica o jugar con un gatito, Lucy nunca pudo decidirse. Y lo curioso fue que cuando por fin las tres se acostaron juntas, jadeando bajo el sol, las niñas ya no se sentían cansadas ni hambrientas ni sedientas en absoluto".[1]

Aunque mis hijos nunca han jugado a luchar con Dios, lo conocen y lo aman. Pero debo seguir promoviendo esta relación de amor entre ellos y Dios. El viaje de la vida es duro. Las subidas de la vida pueden distraer y las bajadas desanimar. Pero en todo el camino, cuando Dios está al frente y en el centro, pueden acostarse por la noche, jadeando de placer, y no sentirse cansados espiritualmente ni hambrientos de reconocimiento mundano ni sedientos de riqueza banal. Pueden simplemente estar quietos y saber que él es Dios y que es suficiente.

Sí, dulce Brooke, ya sabes cómo acaba la historia.

■ ■ ■ ■ **Refresca mi alma** ■ ■ ■ ■

Lee Salmos 78:1-7.

Estos versículos hablan de historias acerca de la fidelidad de Dios, las que se transmiten de generación en generación. En los tiempos bíblicos era tradición contar las historias de lo que Dios había hecho para que no cayeran en el olvido. Este sentido de la bondad y la misericordia de Dios se inculcaba de padres a hijos y de madres a hijas a lo largo de la historia de Israel. Dios ordenó a los israelitas que lo hicieran sin descansar.

Lee Deuteronomio 4:9; 6:4-9; 11:18-21.

Dios les dijo a los israelitas que enseñaran a sus hijos todo sobre él para que las generaciones futuras no tuvieran la tentación de apartarse de él y seguir a otros dioses. Dios sabía que los habitantes de la tierra prometida adoraban a dioses e ídolos falsos y que influirían en los israelitas.

Un dios es cualquier cosa que se interpone entre tu relación con el único Dios verdadero y tú. Es cualquier cosa que se antepone a Dios en tu vida. Mientras piensas en esta definición de dios, piensa en los dioses a los que se enfrentan tus hijos en nuestra cultura. Enumera algunos de esos dioses según te vengan a la mente.

¿Cómo puedes tú, como padre, enseñar a tus hijos sobre Dios y hacer que sea tan real e importante para ellos que no se sientan tentados a seguir a otros dioses?

Lee Proverbios 20:11; 1 Corintios 13:11; 1 Pedro 2:2-3.

Aprender acerca de Dios es un proceso de toda la vida. El algo que debe comenzar temprano, cuando nuestros hijos cantan por primera vez "Jesús me ama", memorizan versículos cortos y adquieren el hábito de ir a la iglesia. Estas primeras semillas de fe se plantan en lo más profundo de sus corazones. Esas semillas echan raíces a medida que maduran. Podemos contribuir a ello enseñándoles a su nivel, haciendo que Dios forme parte de su vida cotidiana y permitiéndoles que nos vean vivir nuestra fe.

He aquí algunas formas en las que hemos llevado a Dios a nuestra vida cotidiana:

- Oír música con versículos de la Biblia en el auto.
- Inventar nuestras propias canciones utilizando versículos de las Escrituras. Mi hija Ashley memorizó el Salmo 23 en una manera muy particular mientras hacíamos un largo viaje en auto.
- Leer libros sobre la vida de los misioneros. Inspira a tus hijos con historias de personas que vivieron radicalmente para Dios.
- Mostrar a los chicos una visión de lo que Dios ideó que fueran ellos cuando los creó, de manera que trabajen para desarrollar los dones especiales que les dio y los usen para su gloria.
- Hablar, hablar, hablar de las grandes y pequeñas formas en que Dios está activo en nuestras vidas: respondiendo a las oraciones, proveyendo a nuestras necesidades e invitándonos a unirnos a él en su obra en la tierra.

Enumera algunas formas de llenar el corazón de tus hijos con las verdades de Dios.

Lee 1 Samuel 2:26; Isaías 54:13; Lucas 1:80; 2:52.

La parte más importante del trabajo de una madre es preparar a sus hijos para servir a Dios como adultos. Pasa algún tiempo en oración pidiéndole a Dios que te ayude a enseñar a tus hijos sobre él. Dios te inspirará con ideas ingeniosas para revelarse a ellos si se lo piden.

"Nada me produce más alegría que oír que mis hijos viven en la verdad" (3 Juan 4). Oro para que también conozcas esa alegría.

30

Al final, ¿valdrá la pena todo esto?

Los niños son los mensajes vivos que enviamos
a una época que no veremos.
JOHN W. WHITEHEAD

■ ■ ■ ■

Al final, ¿valdrá la pena todo esto?

Hace siete años me senté en mi auto y lloré, temblé y le dije a Dios que no podía hacer lo que obviamente me estaba pidiendo que hiciera.

Acababa de recoger los resultados de los exámenes escolares estandarizados de mis hijos africanos recién adoptados. Según la prueba, tenían que estar en el preescolar.

No se pueden inscribir en una clase de preescolar cuando tienen trece y catorce años. Solo había una opción: la educación en casa. Decir que eso me abrumó y que me sentía poco calificada, ni siquiera empieza a describir el temeroso pavor que apretaba mi corazón.

Durante dos años, a veces se me podía encontrar con una buena actitud cubriendo pacientemente los aspectos básicos de la escuela primaria. Otros días se me podía ver con la cara llorosa y apretada contra las fibras de mi alfombra, diciendo una y otra vez: "¡NO PUEDO HACER ESTO!".

Y a Dios lo alegró que, por fin, hubiera llegado a un punto en el que lo necesitaba. En verdad lo precisaba. Después de todo, ¿cómo puedo llamarme a mí misma mujer de fe si vivo una vida que realmente no requiere ninguna fe?

Ya han pasado siete años. Ayer, me senté en el centro de medios comunicacionales de la escuela secundaria asombrada de lo que pueden generar años de dependencia de Dios. El superintendente de nuestro condado estaba presente. El director y el vicedirector estaban junto con un profesor de cada departamento, algunos alumnos selectos y sus cariñosos padres.

Jackson y yo no sabíamos realmente por qué estábamos ahí, salvo que había sido nominado para un premio. No teníamos ni idea de qué premio era ni de lo que significaba. La ceremonia fue ciertamente inspiradora, ya que se honró a estudiantes con logros y galardones asombrosos.

Al fin, llegó el momento del último premio. El director se adelantó y explicó que solo se elegía a una mujer y a un hombre para el Premio Excelsior del Administrador. Se pronunció el nombre de la chica y un hermoso discurso explicó por qué era la galardonada de ese año.

Entonces el director miró en dirección a nosotros. Pronunció el nombre de mi hijo. Mi hijo. Mi hijo, que no hace mucho era un huérfano olvidado en un país marginado. Mi asombroso hijo, cuyas notas son promedio y que nunca ha pisado una clase especial avanzada. Pero a fin de cuentas, mi hijo, el que ha vencido las adversidades y ha luchado contra las etiquetas. Mi hijo, que se graduará, irá a la universidad y se convertirá en un hombre de sueños y de éxito.

A continuación veamos parte de lo que leyó el director mientras mi hijo Jackson inclinaba la cabeza para aceptar la medalla de honor que le colocaban en el cuello:

Muchos de ustedes, que conocen la trayectoria de Jackson TerKeurst, son conscientes de que su tiempo con nosotros no ha sido más que un breve capítulo de una vida llena de retos y experiencias que nunca podremos comprender. Las ha superado todas con un espíritu fuerte y perseverante.

Se ha convertido en un estudiante modelo y en un ciudadano sobresaliente cuyos excelentes modales muestran respeto por todos. Es un excelente ejemplo de lo que el trabajo duro, un corazón puro y la creencia en sí mismo pueden aportar en la vida. Sea cual sea su camino, tendrá éxito y será un modelo a seguir para los demás.

Enhorabuena por haber recibido el Premio Excelsior.

Acto seguido, me senté en mi auto y lloré. Solo que esta vez eran lágrimas de alegría absoluta. Alegría de la más pura. Y le dije a Dios que estaba muy agradecida porque hacía siete años me sentí incapaz de hacer lo que él me pedía.

Porque entonces Dios lo hizo. Y eso es sencillamente indescriptible.

Mamá, todo lo que tenemos que hacer cada día es elevar nuestra voluntad a Dios. Él tomará lo que le ofrezcamos y lo hará perfecto para cada uno de los niños ese día. Y será bueno.

Sí, al final todo valdrá la pena. Ver marchar a Jackson a la universidad este año es una pena aunque es dulce. Detrás de él se irá Mark, el año que viene. Y entonces mis hijas marcharán por la puerta al compás de las manecillas del tiempo que soy incapaz de detener.

¿No es curioso? Cuando empecé esta travesía materna los días parecían muy largos. Y ahora me encuentro anhelando un poco más de tiempo.

Ver crecer a mi hijo mayor y marcharse de casa me ha hecho mirar a mi hija menor, Brooke, y dejar que mi mente se cuestione. ¿Cuántas veces he tenido el privilegio de oír: "Mírame, mamá, mírame", con una voz joven, creyente y ansiosa? Sueños bailando en su corazón, visiones de esperanza en sus ojos y un pequeño micrófono con forma de bola de poliestireno apretado contra el brillo labial color cereza.

Los destellos sirven como efecto estroboscópico. Las linternas de plástico de mano localizan y siguen al artista lo mejor que pueden, pero es obvio que las hermanas no son una buena ayuda técnica.

El vaivén de su vestido de princesa. Pequeñas uñas rosadas astilladas aquí, mordidas allá. Cintas atadas en el pelo que debería haberse lavado ayer. Pero, ¿quién tiene tiempo para eso cuando está ocupada convirtiéndose en una princesa estrella del rock? Mejillas de pelusa de melocotón con manchas de caramelo.

¿Cuánto tiempo más tendré esto?

¿Cuándo hará su última reverencia de niña... y se acostará... una niña que se duerme y se despierta menos pequeña?

Menos jóvenes, menos creyentes, menos ansiosas.

Menos sueños, menos destellos, menos vestidos que se mecen.

Menos esmalte de uñas rosadas, menos lazos, menos helados.

Menos pequeño.

Menos pequeño... por favor, no vengas ahora. Todavía no.

Mi corazón necesita unas cuantas súplicas más de "Mírame, mamá"... por favor.

Porque al fin me he dado cuenta de que, a pesar de mis defectos, Dios me ha convertido en la madre que ideó que fuera. Y sé, sin lugar a dudas, que no estoy estropeando a mis hijos. Y si estás teniendo uno de esos días de lágrimas y agobio... o uno de esos días de celebración premiada... o uno de esos días que ruegas: Por favor, no crezcas demasiado rápido... tú tampoco estás arruinando a tus hijos.

■ ■ ■ ■ **Refresca mi alma** ■ ■ ■ ■

Lee Salmos 39:4.

¿En qué manera te hace —este capítulo— querer detenerte, reflexionar y disfrutar del lugar en el que se encuentran tus hijos en este momento?

Mi oración es que hayas obtenido algunas ideas valiosas de las luchas, pruebas y vulnerabilidades que he escrito desde el corazón de una madre. Debemos vivir siempre con gran expectación de lo que el Señor hará en nosotras, a través de nosotras y con nosotras en nuestro papel de madres, momento a momento, día a día.

"Por la mañana, Señor, escuchas mi clamor; por la mañana te presento mis ruegos y quedo a la espera de tu respuesta" (Salmos 5:3).

Anota, en tu diario, algunas de tus esperanzas y expectativas con la maternidad.

Lee Salmos 103:17-18 y anota lo que piensas de ello en tu diario.

Enumera tres cosas que hayas aprendido en este libro y cómo tu travesía con la maternidad va a ser diferente a partir de ahora, gracias a ellas.

Apéndice

¿Cómo haces todo eso?

¿Qué es un hogar? Un techo para protegerse de
la lluvia. Cuatro paredes para que no entre el
viento. El suelo para mantenerse resguardados
del frío. Sí, pero el hogar es más que eso.

Es la risa de un bebé, el canto de una madre, la fuerza de un
padre. El calor de los corazones vivos, la luz de los ojos felices,
la bondad, la lealtad, la camaradería. El hogar es la primera
escuela y la primera iglesia para los chicos, donde aprenden
lo que es correcto, lo que es bueno y lo que es amable. Donde
acuden en busca de consuelo cuando están heridos o enfermos.
Donde se comparte la alegría y se alivia la pena. Donde los
padres y las madres son respetados y amados. Donde se quiere
a los niños. Donde la comida más sencilla es suficientemente
buena para los reyes porque se gana. Donde el dinero no es
tan importante como el cariño. Donde hasta la tetera canta
de felicidad. Eso es el hogar. Que Dios bendiga el hogar.
MADAME ERNESTINE SCHUMANN-HEINK

■ ■ ■ ■

Cuando la gente se entera de que tengo cinco hijos, escribo libros y
dirijo un ministerio, su primera pregunta siempre es: ¿cómo hago

todo eso? En primer lugar, permíteme asegurarte que siempre hay muchas cosas que no logro terminar. Siempre hay más cosas en mi lista de tareas pendientes que las que termino de hacer. Además, siempre subestimo la cantidad de tiempo que me llevará finalizar algo. Pero me gusta tener un plan para hacer las cosas; además, soy buena para delegar, y he hecho las paces con el equilibrio entre mi vocación y mis responsabilidades. Así es como hago lo que hago.

Ten un plan listo

La primera parte de un plan es decidir a qué decir sí y a qué decir no. Para mí no es lógico decir que sí a todo; de modo que he aprendido el gran arte de decir "no". Por ejemplo, solo puedo ir a mi oficina un día a la semana. Aunque lo ideal sería ir cinco días, no lo es para mí. Ciertos días, mis hijos son lo ideal. Otros, lo es un amigo adolorido. Cualquier cosa que requiera el enfoque de mis energías, incluso decir no a alguna de ellas, me da la capacidad para ser intencionado con las cosas a las que debo decir sí.

Una vez que te hayas quitado de encima los "no", el siguiente paso es programar adecuadamente las cosas a las que has dicho que sí. En nuestra casa tenemos la norma de que cada niño puede elegir una actividad en la que participar. Con cinco hijos, esto equivale a un montón de programación, conducción y vigilancia, pero es lo que hemos decidido que es apropiado y justo para nuestra familia. Me ha resultado útil tener una sesión de programación una vez al trimestre para planificar nuestro calendario familiar rector. Luego, una vez a la semana, estoy alerta en cuanto a quién es responsable de cada una de las cosas que hay que manejar esa semana.

Comunicarnos con antelación nos ayuda a evitar las trampas del enfado, la frustración y los debates de última hora sobre quién lleva qué auto lleno. Cada uno tiene un plan. Además de las actividades programadas, los niños también presentan sus solicitudes de reuniones con amigos y otros actos sociales. Saben que si no presentan su solicitud antes de la reunión de planificación, no tienen ninguna obligación de hacerla realidad. No solo programamos las actividades individuales de cada hijo, sino también el tiempo para estar juntos. Si es una semana especialmente ajetreada, puede que simplemente programemos tiempo para tomar un café o una noche de cine en casa juntos.

Por último, anotamos toda la información de nuestras citas y obligaciones individuales. Aquí es donde dejo espacio para el trabajo ministerial, las citas con el médico, las citas con el ortodoncista y las obligaciones como voluntarios. Es mucho más fácil saber cuándo programarlas si tienes un espacio en blanco claramente definido en tu calendario. Si hay un proyecto especial que necesito realizar, lo divido en trozos del tamaño de un bocado y me asigno partes de la tarea cada día. Algunos ejemplos de proyectos especiales son un armario que hay que organizar, archivos que hay que actualizar, fotografías que hay que clasificar y ponerlas en álbumes o en un archivo digital, o un área de la casa que debe ser despejada de objetos innecesarios y donarlos a organizaciones de caridad, si es necesario. Una vez que todo esto está en su sitio, siento la libertad de planificar tiempo para mí en mi agenda. Si quiero tomar un café con una amiga o salir una noche de chicas, puedo ver fácilmente cuándo es posible hacerlo realidad.

Sacar mi agenda de mi cerebro y plasmarla en un calendario reduce drásticamente mi estrés y alivia la sensación de que ella me dirige a mí y no al revés.

Aprende a delegar

Si no puedes hacer todo lo que se te pide, entonces debes hacer una evaluación franca pensando en una solución. La solución que, en lo particular implemento, es pedir ayuda. Divido mis tareas en tres categorías:

- Las que solo yo puedo hacer.
- Las que otra persona puede hacer bajo mi dirección.
- Las que puedo asignar a otra persona libremente.

Conocer la diferencia entre estas tres categorías es transforma-dor. La primera: "Las que solo yo puedo hacer", son cosas que únicamente yo puedo efectuar. Nadie más puede pasar tiempo con el Señor por mí. Nadie más puede hacer el tipo de inversiones emocionales necesarias para convertirme en la esposa y la madre eficaz de mi familia. Nadie más puede hacer ejercicios por mí (¡ah, cómo desearía que eso fuera posible!). Nadie más puede escribir mis libros por mí. Esta primera categoría contiene cosas a las que dedico tiempo al delegar otras tareas.

La segunda categoría son las cosas que otra persona puede hacer bajo mi dirección. Lo importante aquí es comunicar clara-mente tus expectativas a la persona a la que vas a asignarle una tarea y formarla de manera que haga el trabajo del modo en que quieres que lo haga. Una vez que hayas instruido a esa persona y esta haya aprendido el trabajo, podrás delegarle esa tarea libre-mente. El tiempo que inviertas en la fase inicial de capacitación y educación, en cuanto a la forma correcta de efectuar la tarea, te reportará grandes beneficios en la fase final.

Aquí es donde entran en juego mis hijos. Hay muchas tareas domésticas que los niños pueden hacer perfectamente. (Consulta el capítulo 26: "¿Cómo puedo conseguir que mis hijos den un paso al frente y colaboren?" para obtener más ideas). Además, tengo una niñera que me ayuda a organizar el transporte escolar de la tarde. Por todo ello, decidí que es mejor renunciar a otras cosas para tener las finanzas que hagan esto posible por el bien de mi cordura.

¿Hay algunas tareas que puedas delegar? ¿Estás dispuesta a pedir ayuda a tu marido y a tus hijos? ¿Necesitas buscar un ayu-dante que pueda encargarse de algunas de las cosas que podrían estar estancándote?

Otra solución ingeniosa es buscar un ayudante para la edu-cación en casa que sea la persona en la que delegues. Encontré una familia de chicas adolescentes educadas en casa que querían ganar algo de dinero extra. Me ayudan con las tareas que no puedo hacer yo sola. Me ayudan con la lavandería, los platos, a organizar las habitaciones de los niños y cualquier otra cosa que anote en su lista. Me encanta esa ayuda. A ellas les gusta el dinero para sus gastos e, incluso, ganan créditos escolares por aprender sobre economía doméstica. Ora para que encuentres una solución creativa si estás buscando ayuda. Dios escuchará tu oración y te ayudará a saber a quién y cómo delegarle.

Haz las paces con el equilibrio entre el llamado y las responsabilidades

Como madres, debemos dejar de mirar a nuestro alrededor en busca de validación y aprobación en cuanto al tipo de progenitora que debemos ser. No podemos ver a nuestras amigas. No podemos mirar a nuestros padres. No podemos ver ni compararnos con otras mamás. Debemos dejar de observar alrededor y empezar a mirar hacia arriba. Dios es fiel, por lo que ha de revelarte su plan especial para ti.

Pero ¿cómo actuamos de acuerdo a los propósitos que Dios nos ha dado y, a la vez, seguir siendo esposas y madres atentas y cuidadosas? En primer lugar, abandonemos la idea de que Dios ha diseñado la vida de modo que la familia esté separada del servicio y que estas dos cosas deban competir entre sí. En un discurso pronunciado en el Simposio de Ministerios Femeninos de 1997, Jill Briscoe habló de la falacia de tener una jerarquía de prioridades, como la siguiente: (1) Dios, (2) esposo, (3) hijos, (4) iglesia y así sucesivamente. En vez de eso, sugirió, lo que hay es una jerarquía de principios: "Dios y su reino son lo primero. Dios te dirá qué es lo primero. ¿Estás escuchando?". Si eres una persona que ora, que escucha a Dios y miras el corazón de los que te rodean —obedeciendo el primero y el segundo mandamiento de amar a Dios y a los demás (Mateo 22:37-39)— sabrás cuándo evadir toda la lista de tareas del día y llevar a tus hijos a la playa, ir tú misma con ellos, llevar tu Biblia a la playa

o llevar a la playa a tus hijos y al solitario hijo autista de
tu vecina... En contra de lo que algunas personas puedan
creer, una mujer no tiene que elegir entre tener un pro-
pósito en la vida y ser madre, esposa, amiga fiel y amante
de la diversión. Una de las mejores cosas que podemos
aportar a las personas que amamos es ser esa mujer que
responde al llamado de Dios. A través de nosotras, los
que amamos experimentan la alegría de seguir a Dios y
—a menudo— se ven desafiados a considerar los propó-
sitos que Dios les imparte".[1]

El llamado a la vida de una mujer es único y personal. Dios
conoce a tu marido mejor que tú. Dios conoce a tus hijos mejor
que tú. Él sabe qué tipo de esposa y madre necesitan ellos. Él
sabe qué tipo de exigencias se requerirán de ti en cada papel que
desempeñes. Así que entrégale cada día y deja que él ordene tus
pasos. Pregúntale por dónde empezar, da ese paso y luego pregúntale cuál es el siguiente paso que debes dar. Mientras tanto, ora
para que tus ojos y tus oídos espirituales estén abiertos y atentos
a cualquier parada en el camino que Dios pueda tener para ti.

Tener un plan, aprender a delegar y hacer las paces con tu
llamado te ayudará a hacer lo que haya que hacer y a ser más
intencionada con tus seres queridos.

▪▪▪▪ Refresca mi alma ▪▪▪▪

Lee el Salmo 121.

¿De dónde procede tu ayuda?

Acabas de echar un vistazo a mi vida y a cómo hago las
cosas. En este capítulo, he querido ofrecerte la oportunidad de evaluar e investigar sinceramente lo que haces
al responder esta pregunta tan popular. Aunque en este
capítulo he ofrecido consejos prácticos y logísticos, quiero

dedicar unos momentos a animarte a que, ante todo, busques la ayuda del Señor. En todo lo que he aprendido sobre cómo hacer que mi vida funcione bien, esta ha sido mi mayor lección. Debo encontrar mi verdadera ayuda en Dios.

En el versículo 2 de este salmo, el salmista identifica a Dios como el "Señor, que hizo el cielo y la tierra". Él es el Dios del universo, el Creador de todas las cosas.

Lee Salmos 96:10-13.

Todas las cosas están bajo la autoridad de Dios. Como su Creador, todas deben obedecer de acuerdo a su voluntad. Este orden y esta autoridad me traen gran paz y consuelo. Sé que nada ocurre en mi vida que no haya pasado primero por el filtro de las manos de Dios. Por esa razón, he aprendido a considerar que las cosas que podrían verse como interrupciones de la vida, muchas veces son oportunidades. Así que cada día someto mis planes, mis ideas y mis deseos a la máxima autoridad de Dios. Esto es lo que me da alegría y hace que mi vida funcione, pase lo que pase. Puedo pedir ayuda a Dios porque él tiene todo el control.

Lee Salmos 33:6-11.

Este es un hermoso pasaje acerca de la autoridad de Dios sobre toda la creación. El versículo 11 nos dice que "los planes del Señor quedan firmes para siempre; los designios de su corazón son eternos". Esto significa que su propósito se extiende a las generaciones venideras. Por tanto, tus hijos y tus nietos también se verán afectados y moldeados por sus propósitos. Así que, al aprender a responder a sus planes para ti, estás dejando un legado.

Proverbios 19:21 dice: "Muchos son los planes en el corazón de las personas, pero al final prevalecen los designios del Señor".

¿Cuáles son tus planes? ¿Hay cosas en tu vida que no concuerdan con tus planes? Consuélate sabiendo y aceptando que —cualquiera sea la razón— Dios lo ha permitido como parte de sus propósitos contigo.

Ahora, relee Salmos 121:3-8.

Estos versículos son para animarte. Dios te conoce íntimamente. Él sabe a qué te enfrentas. Él conoce los detalles de tu vida. Estos versículos nos dicen que él vigila tu existencia. Él observa tus idas y tus venidas. (¡Vaya! Eso significa que Dios ve todos esos viajes al entrenamiento de fútbol y las carreras a la tienda de comestibles). Incluso cuando duermes, Dios se está ocupando de tus cosas porque él no duerme. Permite que estos versículos se alojen en tu corazón y se conviertan en parte de tu intelecto. ¡El Dios del universo se preocupa por ti! Él está contigo para ayudarte a liberarte de lo que no debes estar haciendo y darte fuerzas para hacer el resto.

Notas

Capítulo 5. ¿Por qué siempre me siento tan agobiada o algo así como... estirada?
1. Wilfred A. Peterson, *"El arte de dar"*, citado en Jean Fleming, *A Mother's Heart* (NavPress, 1982).

Capítulo 8. ¿Se fija alguien en mí?
1. Angela Thomas Guffey, *Tender Mercy for a Mother's Soul* (Tyndale).

Capítulo 14. ¿Cómo me ven las demás madres: estupenda o descuidada?
1. Marilyn Heins, "Overparenting", www.parentkidsright.com. En su página web, la Dra. Heins proporciona a los padres ocupados consejos de sentido común, habilidades parentales y estrategias para la crianza diaria de los hijos a través de ParenTips y otras funciones.
2. Victoria Clayton, "Sobrepaternidad", www.msnbc.msn.com.
3. Kim Painter, *"Moms Swing from Super to 'Slacker'"*, www.usatoday. com.

Capítulo 19. ¿Qué es lo que más recordarán mis hijos?
1. Katharine C. Kersey, *El arte de ser padres sensibles* (Acropolis Books).

Capítulo 22. ¿Cómo puedo mantener una perspectiva eterna?
2. *Life Application Bible NIV* (Tyndale House Publishers).

Capítulo 24. ¿Ven a Jesús en mí?
1. Epígrafe: Tim Kimmel, *Por qué se rebelan los niños cristianos* (W Publishing Group).
2. Ibid.

Capítulo 28. ¿Cómo puedo establecer límites?
1. Esta cita procede de la página web de John Rosemond, que está llena de grandes consejos y útiles ánimos (véase www.rosemond.com).

Capítulo 29. ¿Cuál es la lección de vida más crucial?
1. C.S. Lewis, *El león, la bruja y el ropero* (HarperCollins).

Apéndice
1. Jan Johnson, *Living a Purpose-Full Life* (WaterBrook Press).

Acerca de Lysa

Lysa TerKeurst es la presidenta de Proverbs 31 Ministries y autora número 1 en ventas de la lista del *New York Times* por sus libros *Sin invitación, ¿Estoy arruinando a mis hijos?, Mujer, eres muy especial, Qué pasa cuando las mujeres caminan por fe* y más de veinte obras. Pero para quienes la conocen mejor, ella es solo una chica sencilla con una Biblia muy usada que proclama esperanza en medio de buenos tiempos y realidades desgarradoras. Lysa vive con su familia en Charlotte, Carolina del Norte.

Conéctate con ella a diario y sigue su itinerario de conferencias:
Sitio web:

www.LysaTerKeurst.com

Haz clic en "eventos" y luego en "hablar y reservar" para solicitar que Lysa hable en tu evento.

Facebook:

www.Facebook.com/OfficialLysa

Instagram:

@LysaTerKeurst

Twitter:

@LysaTerKeurst

Acerca del Ministerio Proverbios 31

Lysa TerKeurst es la presidenta de Proverbs 31 Ministries, ubicado en Charlotte, Carolina del Norte.

Si *¿Estoy arruinando a mis hijos?* te inspiró y deseas profundizar tu relación personal con Jesucristo, tenemos lo que estás buscando.

Proverbios 31 Ministries es un ministerio de confianza que te llevará de la mano y caminará a tu lado, guiándote más cerca del corazón de Dios a través de:

App gratuita Primeros 5
Devocionales diarios en línea gratuitos
Estudios bíblicos en línea
Programas radiales diarios
Libros y recursos

Nuestro deseo es ayudarte a conocer la verdad y a vivirla. Porque cuando lo logras, eso cambia todo. Para obtener más información sobre Proverbs 31 Ministries, visita

www.Proverbs31.org.

LYSA TERKEURST

De la autora más vendida del New York Times

LYSA TERKEURST Y HOPE TERKEURST

ERES MUY ESPECIAL

UNA GUÍA PARA QUE LAS JÓVENES
SEPAN LOS PLANES DE DIOS PARA ELLAS

Sin invitación

Vive amada cuando se sienta menos,
abandonada y sola

#1 en
ventas del
New York
Times

Lysa TerKeurst

Autora del éxito de ventas de El mejor sí según el New York Times

Lysa TerKeurst
Autora del éxito de ventas de Sin invitación según el New York Times

Qué pasa cuando las mujeres caminan por fe

Cuando confías en Dios, él te lleva a lugares maravillosos

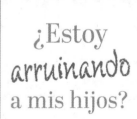

¿Estoy arruinando a mis hijos?

... y otras preguntas que toda
mamá se cuestiona

Lysa TerKeurst

Para vivir la Palabra

Te invitamos a que visites nuestra página web, donde podrás apreciar la pasión por la publicación de libros y Biblias:

www.casacreacion.com

Para vivir la Palabra